Ganar dinero con la INTELIGENCIA ARTIFICIAL

Sr. Gonzalo Isidro Linares Amezcua
IA GENERATIVE API OPENAI

ISBN: 9798873118557

Sello: Independently published

ÍNDICE

Capítulo 7: Aspectos Legales y Éticos de la Monetización de AI

- Derechos de autor y propiedad intelectual
- Ética en el uso de la inteligencia artificial
- Cumplimiento de políticas y privacidad de datos

Capítulo 8: Casos de Éxito y Estudios de Caso

- Análisis de proyectos que triunfan en el mercado
- Lecciones aprendidas de estudios de casos reales
- Inspiración para emprendedores

Capítulo 9: Mantenimiento y Crecimiento de la Base de Usuarios

- Fidelización y retención de clientes
- Actualizaciones del producto y mejora continua
- Métodos para escalar negocios en AI

Capítulo 10: Futuro y Tendencias de las APIs de AI

- Desarrollos futuros en OpenAI y otras plataformas
- Tendencias emergentes y áreas de oportunidad
- Preparación para cambios y adaptación continua
- Conclusión

Recapitulación de estrategias clave
Palabras finales y llamado a la acción
Apéndices
Recursos adicionales y herramientas recomendadas
Glosario de términos relacionados con AI
FAQ sobre monetización y uso de la API de OpenAI
Bibliografía

Capítulo 1

Introducción a OpenAI y Su Potencial Económico

OpenAI es una organización de investigación en inteligencia artificial (IA) que ha capturado la atención del mundo tecnológico y empresarial con su enfoque innovador y sus avances significativos en el campo de la IA. Desde su creación, OpenAI ha desarrollado y lanzado al mercado diversas herramientas y tecnologías que están transformando la forma en que las empresas operan y crean valor económico.

El potencial económico de OpenAI reside en su capacidad para democratizar el acceso a tecnologías de IA avanzadas a través de su API, permitiendo a desarrolladores y empresas integrar capacidades de inteligencia artificial en sus productos y servicios sin necesidad de contar con un equipo de investigación especializado en IA.

La API de OpenAI actúa como un puente entre los modelos de IA más avanzados y las aplicaciones del mundo real. Con ella, es posible acceder a un conjunto de modelos preentrenados que pueden realizar tareas complejas como comprensión y generación de texto, análisis de sentimiento, resumen de información, traducción de idiomas, y mucho más.

Pero, ¿qué significa esto para el emprendedor o la empresa que busca innovar y generar ingresos con IA? Significa que ahora es posible crear productos inteligentes y servicios automatizados que antes requerían inversiones significativas en investigación y desarrollo. La API de OpenAI permite a las empresas pequeñas y medianas competir en el mercado con gigantes tecnológicos que tienen departamentos dedicados a la IA.

Uno de los ejemplos más revolucionarios de las capacidades de OpenAI es el asistente virtual conocido como Playground. Playground es una plataforma que permite a los usuarios interactuar con modelos de IA de OpenAI de una manera fácil y accesible, probando y ajustando sus funciones para adaptarlos a necesidades específicas. Este asistente se ha convertido en una herramienta invaluable para la formación de productos y la experimentación rápida, reduciendo drásticamente los tiempos de desarrollo y los costos asociados.

La escalabilidad es otro aspecto clave del potencial económico de la API de OpenAI. A medida que un producto o servicio basado en IA gana tracción en el mercado, la infraestructura de OpenAI puede manejar el aumento de demanda sin que la empresa usuaria deba preocuparse por la capacidad de procesamiento o el mantenimiento de servidores. Esto permite una expansión rápida y eficiente, lo cual es esencial en un mercado competitivo y en constante cambio.

En este capítulo, exploraremos cómo identificar oportunidades de negocio que puedan capitalizar las capacidades de la API de OpenAI, cómo diseñar productos que satisfagan necesidades reales del mercado, cómo lanzarlos de manera efectiva y cómo escalarlos para maximizar su impacto y rentabilidad. Al finalizar este capítulo, el lector tendrá una comprensión clara de los principios básicos para comenzar a trabajar con OpenAI y cómo esta poderosa herramienta puede ser el núcleo de su próxima aventura empresarial.

La promesa de OpenAI no se limita a la eficiencia operativa o la automatización de tareas; se extiende a la creación de nuevos modelos de negocio y la redefinición de industrias enteras. Con la API de OpenAI, estamos en el umbral de una era donde la inteligencia artificial no es solo una ventaja competitiva, sino un elemento indispensable para el éxito en el panorama económico del siglo XXI.

El Surgimiento de OpenAI

La historia de OpenAI comienza con una premisa revolucionaria: el potencial de la inteligencia artificial (IA) es inmenso y su desarrollo debe orientarse hacia el beneficio de toda la humanidad. OpenAI nació como una respuesta a la creciente preocupación por el desarrollo de IA controlado por entidades privadas con fines de lucro, que podrían no alinear sus objetivos con el interés público. Este capítulo se enfoca en cómo OpenAI emergió como un jugador disruptivo en el panorama de la IA, cultivando un ecosistema donde las posibilidades de monetización se entrelazan con un ethos de accesibilidad y seguridad.

En sus orígenes, OpenAI fue establecida como una organización de investigación en inteligencia artificial sin fines de lucro en diciembre de 2015, con el respaldo de prominentes figuras tecnológicas como Elon Musk y Sam Altman, entre otros. Su misión era clara: avanzar en la investigación de la IA de manera segura y democrática, garantizando que los beneficios derivados se distribuyeran equitativamente en la sociedad.

A medida que OpenAI evolucionó, se dio cuenta de que para cumplir con su misión a gran escala necesitaba generar ingresos que le permitieran auto-sustentarse y acelerar su investigación. Así, en 2019 se reestructuró como una "empresa con fines de lucro limitados", permitiendo la inversión privada, pero con la promesa de que cualquier retorno estaría limitado y subordinado a su misión principal.

Este cambio fue estratégico y trajo consigo el desarrollo de productos y servicios que han cambiado la manera en que las empresas y los individuos interactúan con la IA. La API de OpenAI se convirtió en una de sus iniciativas más ambiciosas, proporcionando acceso a poderosas herramientas de IA, como las ofrecidas por el modelo de lenguaje GPT-3, a desarrolladores y empresas de todo el mundo.

La API de OpenAI representó un cambio de paradigma, democratizando el acceso a la IA de vanguardia y permitiendo a los usuarios no sólo consumir tecnología de IA, sino también construir sobre ella. El modelo de negocio detrás de la API de OpenAI se basa en un esquema de suscripción y uso, donde los desarrolladores pagan por la cantidad de recursos computacionales que consumen. Este enfoque ha facilitado la proliferación de aplicaciones monetizables que integran la IA en sus núcleos funcionales.

OpenAI no se detuvo ahí. Con la introducción de Playground y otros asistentes virtuales, la organización ha abierto aún más el campo de juego para que aquellos sin un profundo conocimiento técnico en IA puedan experimentar, crear y lanzar soluciones innovadoras. Estas herramientas han nivelado el campo de juego, permitiendo a los emprendedores y pequeñas empresas competir con gigantes de la industria.

El surgimiento de OpenAI como una entidad que promueve un desarrollo de IA ético y abierto ha tenido un impacto significativo en cómo se concibe la creación de valor en la era digital. La organización no solo ha proporcionado herramientas de vanguardia, sino que también ha establecido un marco para que las aplicaciones de IA sean socialmente responsables y transparentes.

En resumen, el surgimiento de OpenAI ha sido un catalizador para la innovación en el campo de la IA. Ha proporcionado un modelo para el desarrollo de tecnología que es a la vez lucrativo y alineado con un bien mayor. Para los desarrolladores y empresarios, OpenAI ofrece un camino hacia la creación de productos que no solo son comercialmente viables, sino también parte de una visión más amplia para el futuro de la inteligencia artificial.

A medida que avancemos en este libro, exploraremos cómo puedes identificar oportunidades en este emocionante ecosistema, desarrollar tus propias aplicaciones utilizando la API de OpenAI, y llevar tus productos al mercado de una manera que sea rentable y al mismo tiempo contribuya al progreso de la IA de forma segura y ética. OpenAI no sólo representa una organización o un conjunto de herramientas, sino que es el inicio de una nueva era en la que la tecnología está al servicio del mejoramiento colectivo.

Explorando la API de OpenAI

La API de OpenAI representa la puerta de entrada a un universo de posibilidades para aquellos que buscan innovar y monetizar a través de la inteligencia artificial. En este capítulo, nos sumergiremos en las profundidades de esta herramienta poderosa, descubriendo cómo podemos utilizarla para dar vida a nuestros proyectos más ambiciosos.

Comencemos por entender qué es exactamente la API de OpenAI. API son las siglas en inglés de "Interfaz de Programación de Aplicaciones", que en este contexto funciona como un puente entre la inteligencia artificial avanzada que OpenAI ha desarrollado y las aplicaciones o servicios que queremos crear. La API permite a los desarrolladores enviar peticiones en forma de datos de entrada y recibir respuestas inteligentes generadas por modelos de lenguaje de última generación.

La ventaja de utilizar la API de OpenAI radica en su flexibilidad y su capacidad para escalar. No es necesario ser un experto en ciencia de datos o en aprendizaje automático para poder integrar capacidades de IA en nuestras aplicaciones. Con un conocimiento básico de programación y una comprensión clara de lo que queremos lograr, podemos empezar a construir productos que antes parecían inalcanzables.

Para comenzar a explorar la API, primero necesitamos obtener acceso. OpenAI ofrece diferentes niveles de acceso dependiendo de nuestras necesidades y del tipo de uso que queramos darle. Una vez que hemos completado el proceso de registro y hemos recibido nuestras claves de API, estamos listos para dar los primeros pasos.

El siguiente paso es familiarizarse con la documentación proporcionada por OpenAI. La documentación es una guía esencial que nos ayudará a comprender cómo interactuar con la API, qué tipo de peticiones podemos hacer y cómo formular estas peticiones para obtener los mejores resultados. Además, la documentación ofrece ejemplos de código y mejores prácticas que serán de gran ayuda durante el proceso de desarrollo.

Una vez que hemos asimilado la documentación, podemos comenzar a experimentar con la API. Para ello, utilizaremos herramientas de desarrollo, como los playgrounds de OpenAI, que nos permitirán probar y ajustar nuestras peticiones en tiempo real. Los playgrounds son entornos interactivos donde podemos escribir y ejecutar código que interactúa con la API sin tener que implementar una aplicación completa. Esto es vital para comprender cómo se comporta la IA y cómo responde a distintos tipos de entradas.

Al explorar la API, descubriremos una amplia gama de capacidades, desde la generación de texto hasta el análisis y la comprensión del lenguaje natural. Podemos utilizar estas capacidades para crear chatbots inteligentes, asistentes virtuales, herramientas de automatización de contenido, sistemas de recomendación personalizados y mucho más.

Un aspecto crucial de trabajar con la API de OpenAI es la iteración y el ajuste fino. La IA no siempre entregará la respuesta perfecta en el primer intento. Por lo tanto, debemos aprender a ajustar los parámetros, refinar nuestras peticiones y procesar las respuestas de manera efectiva. Esta es una habilidad que se desarrolla con la práctica y con un entendimiento profundo de las posibilidades y limitaciones de la tecnología.

En resumen, explorar la API de OpenAI es un viaje emocionante lleno de descubrimientos y oportunidades. Con cada nuevo proyecto que emprendamos, expandiremos nuestros horizontes y mejoraremos nuestras habilidades para crear soluciones innovadoras. El futuro de la humanidad está siendo redibujado por la inteligencia artificial, y con la API de OpenAI, tenemos la oportunidad de ser parte de esa transformación.

Oportunidades de monetización

La integración de la Inteligencia Artificial (IA) y las APIs de OpenAI en el desarrollo de productos y servicios es una tendencia en crecimiento que ofrece un amplio abanico de oportunidades de monetización. En este capítulo, nos enfocaremos en cómo identificar estas oportunidades y convertirlas en aplicaciones monetizables que generen valor tanto para los usuarios como para los desarrolladores.

Identificación de Nichos de Mercado

El primer paso para monetizar las capacidades de la IA es identificar nichos de mercado donde la tecnología pueda resolver problemas específicos o mejorar procesos existentes. Estos nichos pueden encontrarse en industrias tan diversas como la salud, la educación, el entretenimiento, la logística, el comercio electrónico y muchas otras.

Una metodología efectiva para identificar oportunidades es realizar un análisis DAFO (Debilidades, Amenazas, Fortalezas y Oportunidades) centrado en la IA. Esta herramienta permite evaluar el potencial de la tecnología frente a las necesidades del mercado y las posibles barreras de entrada.

Desarrollo de Prototipos y MVP

Una vez identificado el nicho, el siguiente paso es desarrollar un prototipo o Producto Mínimo Viable (MVP) que demuestre cómo la IA puede aportar valor. El uso de la API de OpenAI y los asistentes virtuales como Playground facilita la creación rápida de prototipos que pueden ser testeados en el mercado para recibir feedback.

Es crucial en esta etapa validar las hipótesis de negocio y asegurarse de que el producto satisfaga las necesidades del usuario final. Los prototipos no solo deben ser funcionales sino también escalables, para que puedan adaptarse a un crecimiento rápido en el uso.

Modelos de Monetización

Existen varios modelos de monetización que se pueden aplicar a productos basados en IA. La elección dependerá del tipo de producto, el mercado objetivo y las preferencias de los usuarios. Algunos de los modelos más comunes incluyen:

- Suscripciones: Ofrecer acceso a la aplicación o servicio a cambio de un pago recurrente.
- Pago por uso: Cobrar a los usuarios según el uso que hagan de la aplicación.
- Licencias: Vender licencias de uso del software a empresas o individuos.
- Publicidad: Monetizar a través de la inclusión de publicidad relevante para los usuarios.
- Servicios Premium: Ofrecer funcionalidades adicionales o mejoradas a usuarios que paguen una tarifa premium.

Lanzamiento y Escalado

El lanzamiento al mercado debe ser planificado cuidadosamente para maximizar la adopción del producto. La estrategia de marketing debe estar alineada con las expectativas del público objetivo y el posicionamiento del producto. Además, es importante contar con una estrategia de escalado que permita al producto crecer en términos de usuarios y funcionalidades sin perder calidad.

El uso de la IA y la API de OpenAI permite recopilar y analizar datos de los usuarios para mejorar continuamente el producto y personalizar la experiencia. Este enfoque basado en datos es esencial para el éxito a largo plazo de cualquier aplicación monetizable.

Conclusión

Las oportunidades de monetización en el campo de la IA son vastas y están en constante evolución. Los desarrolladores y empresarios que sean capaces de identificar nichos de mercado, crear soluciones innovadoras y ejecutar estrategias de lanzamiento y escalado efectivas, estarán en una posición privilegiada para beneficiarse de la revolución de la IA. La API de OpenAI y los asistentes virtuales como Playground son herramientas poderosas que, si se utilizan correctamente, pueden llevar a la creación de aplicaciones que no solo generen ingresos, sino que también aporten valor significativo a la sociedad.

Capítulo 2

Preparativos y Configuraciones Iniciales

Antes de sumergirnos en el vasto océano de posibilidades que ofrece la Inteligencia Artificial (IA) y la API de OpenAI, es crucial establecer una base sólida. Este capítulo guiará a los usuarios a través de los primeros pasos necesarios para prepararse y configurar su entorno de desarrollo, lo cual es indispensable para desarrollar aplicaciones que integren la IA de manera efectiva y segura.

Configuración de la Cuenta de OpenAI

Para comenzar, es necesario tener una cuenta en OpenAI. Dirígete a la página web de OpenAI y regístrate. Una vez que hayas confirmado tu correo electrónico y hayas iniciado sesión, tendrás que generar una clave de API, que es esencial para autenticar tus solicitudes.

Protección de la Clave de API

Tu clave de API es el equivalente a una llave maestra que permite el acceso a la API de OpenAI. Debes manejarla con extrema precaución. Nunca la expongas públicamente en repositorios o en el código que compartas. Una práctica recomendada es usar variables de entorno para almacenar tus claves de API o utilizar gestores de secretos.

Instalación del Entorno de Desarrollo

Elige un entorno de desarrollo integrado (IDE) que se adapte a tus necesidades. Algunos populares entre los desarrolladores de IA son PyCharm, Visual Studio Code o Jupyter Notebooks. Además, asegúrate de tener instalado Python, ya que es el lenguaje de programación principal que utilizaremos para interactuar con la API de OpenAI.

Creación de un Entorno Virtual

Es aconsejable crear un entorno virtual para tu proyecto. Esto te permite manejar dependencias y librerías específicas para cada proyecto sin afectar el sistema globalmente. Puedes crear un entorno virtual utilizando herramientas como `venv` o `conda`.

Instalación de las Librerías Necesarias

Con tu entorno virtual activado, instala las librerías necesarias utilizando `pip`. Para trabajar con la API de OpenAI, necesitarás instalar la librería `openai`, que es la interfaz oficial para Python proporcionada por OpenAI.

```
pip install openai
```

Configuración del Proyecto y Pruebas Iniciales

Crea un nuevo proyecto en tu IDE y configura la estructura básica de archivos. Crea un archivo principal donde escribirás tu código de integración. Verifica que todo funcione correctamente realizando una solicitud de prueba a la API usando tu clave de API y la librería `openai`.

Estableciendo Límites y Uso Responsable

Es esencial familiarizarte con los límites de uso y costos asociados con la API de OpenAI. Revisa la documentación de precios y establece presupuestos y alertas para evitar sorpresas en tu factura.

Seguridad y Privacidad

La seguridad y privacidad son aspectos críticos al trabajar con IA. Asegúrate de comprender y cumplir con las políticas de datos de OpenAI, así como con las regulaciones de privacidad de datos como el GDPR.

Documentación y Soporte

Por último, hazte amigo de la documentación oficial de OpenAI. Será tu principal recurso al desarrollar aplicaciones con la IA. Además, considera unirte a comunidades o foros donde puedas obtener soporte y compartir conocimientos con otros desarrolladores.

En resumen, este capítulo ha sentado las bases para que inicies tu viaje en el desarrollo de aplicaciones con la IA de OpenAI. Con tu cuenta configurada, tu entorno de desarrollo listo y un conocimiento básico sobre seguridad y privacidad, estás listo para comenzar a explorar las oportunidades que la IA puede ofrecer para ganar dinero en el mundo digital.

Registrándose en OpenAI y Obteniendo las Claves API

Iniciando el Viaje hacia la Monetización de la Inteligencia Artificial

Una vez que hemos comprendido la magnitud del potencial que ofrece la Inteligencia Artificial y particularmente las herramientas desarrolladas por OpenAI, es el momento de embarcarse en la aventura práctica. El primer paso para interactuar con las capacidades de los asistentes virtuales de OpenAI es obtener acceso a su API. Este capítulo guiará al lector a través del proceso de registro en OpenAI y la adquisición de las claves API necesarias para construir aplicaciones que no solo innoven, sino que también generen ingresos.

Registro en OpenAI

El registro en OpenAI es un proceso sencillo pero crucial para acceder a los recursos que ofrecen. Para comenzar, es necesario dirigirse al sitio web de OpenAI. En la esquina superior derecha, encontrarás un botón de "Sign Up" o "Registrarse" que te llevará al formulario de registro.

Abrir una cuenta con OpenAI requiere proporcionar una dirección de correo electrónico válida, crear una contraseña segura y aceptar los términos de servicio de la plataforma. OpenAI se toma muy en serio la seguridad y la ética, por lo que es fundamental leer y comprender estos términos antes de continuar.

Una vez que hayas completado el formulario y verificado tu dirección de correo electrónico a través del enlace de confirmación que te enviarán, habrás creado tu cuenta en OpenAI. Este es el primer paso para acceder a la API y comenzar a explorar las posibilidades que los asistentes virtuales pueden ofrecer.

Obtención de las Claves API

Con tu cuenta ya creada, el siguiente paso es obtener las claves API, que actúan como un identificador único y secreto que permite a tu aplicación comunicarse con los servicios de OpenAI.

Para obtener tus claves API, deberás acceder al 'Dashboard' o panel de control de tu cuenta de

OpenAI. En este panel, encontrarás la sección 'API' que te proporcionará las herramientas para generar una nueva clave API. Este proceso es tan simple como hacer clic en el botón de "Create new key" o "Crear nueva clave".

Al generar la clave, es importante tener en cuenta que esta clave es confidencial y funciona como una contraseña. Deberás guardarla en un lugar seguro y nunca compartirla, ya que otorga acceso a los servicios de OpenAI bajo tu cuenta. Es una buena práctica regenerar estas claves periódicamente para mantener altos niveles de seguridad.

Configuración de la Clave API

Una vez obtenida la clave, es hora de integrarla en tu aplicación o entorno de desarrollo. Cada solicitud que tu aplicación haga a la API de OpenAI deberá incluir esta clave para autenticarse correctamente.

La mayoría de los entornos de desarrollo permiten establecer variables de entorno, que son un método seguro para almacenar y acceder a claves API sin necesidad de incluirlas directamente en el código fuente. Es recomendable utilizar este método para proteger tu clave y mantener la seguridad de tu aplicación.

Conclusiones y Próximos Pasos

Con tu cuenta de OpenAI creada y tu clave API en mano, estás listo para empezar a construir productos y aplicaciones que aprovechen el poder de los asistentes virtuales. En los próximos capítulos, exploraremos cómo identificar oportunidades de mercado, desarrollar aplicaciones y lanzar productos utilizando la API de OpenAI, así como estrategias para escalar y monetizar estas aplicaciones de manera efectiva.

El viaje hacia la creación de aplicaciones revolucionarias que cambiarán el futuro de la humanidad ha comenzado, y con las herramientas adecuadas, el conocimiento y la innovación de tu lado, las posibilidades son infinitas.

Configuración y seguridad de la API de OpenAI

En el camino hacia la monetización de las aplicaciones basadas en inteligencia artificial, la seguridad y una configuración adecuada de la API de OpenAI son pilares fundamentales. Este capítulo está dedicado a garantizar que el proceso de integración y uso de la API se realice de manera eficiente y segura.

Configuración Óptima de la API

Antes de implementar la API de OpenAI en cualquier proyecto, es crucial realizar una configuración precisa. Esta configuración abarca desde la generación del token de acceso hasta la elección de los parámetros adecuados que definirán la calidad y el tipo de respuesta que se espera del modelo de IA.

Token de Acceso

El token de acceso es la llave que permite a los usuarios autenticar sus peticiones a la API de OpenAI. Para obtenerlo, es necesario crear una cuenta en la plataforma de OpenAI y seguir los pasos que se indican para generar un nuevo token. Este debe ser tratado como información confidencial y no debe ser compartido ni expuesto en repositorios públicos o en el código fuente.

Parámetros de la API

Al hacer una petición a la API, se pueden especificar diferentes parámetros que influirán en la respuesta del modelo. Algunos de estos parámetros incluyen el número máximo de tokens, la temperatura, la presencia de top p y frecuencia de muestreo, entre otros. La elección de estos parámetros dependerá del tipo de respuesta que se desee obtener y del contexto de la aplicación.

Seguridad en el Uso de la API

La seguridad es un aspecto que nunca debe ser subestimado. A continuación, se detallan prácticas esenciales para mantener la seguridad en el uso de la API de OpenAI.

Gestión de Tokens de Acceso

Una gestión adecuada de los tokens de acceso implica no solo protegerlos de exposición accidental, sino también establecer políticas de rotación y revocación de los mismos. Es recomendable utilizar variables de entorno para almacenar los tokens y aplicar políticas de acceso que restrinjan su uso solo a las personas y sistemas autorizados.

Limitación de Uso

Para evitar el uso indebido o excesivo de la API, es importante establecer límites en el número de peticiones que se pueden realizar en un periodo determinado. Esto no solo protegerá contra posibles ataques de denegación de servicio, sino que también ayudará a controlar los costos asociados con el uso de la API.

Registro y Monitoreo

Implementar un sistema de registro y monitoreo permitirá detectar actividades inusuales o no autorizadas. Toda petición a la API debe ser registrada con información relevante como la hora, el tipo de petición y la respuesta obtenida. Herramientas de monitoreo pueden ayudar a identificar patrones sospechosos y responder rápidamente ante posibles brechas de seguridad.

Cumplimiento de Normativas

Es fundamental asegurarse de que el uso de la API cumpla con las leyes y normativas de protección de datos aplicables en la región donde opera la aplicación. Esto incluye el Reglamento General de Protección de Datos (GDPR) en Europa, la Ley de Protección de Información Personal (PIPEDA) en Canadá, y otras a nivel local e internacional.

Pruebas de Seguridad

Realizar pruebas de seguridad regularmente es esencial para identificar y corregir vulnerabilidades. Las pruebas deben incluir análisis de vulnerabilidades, pruebas de penetración y revisión de código. Además, es recomendable mantenerse al día con las últimas actualizaciones de seguridad proporcionadas por OpenAI.

En resumen, la configuración y seguridad de la API de OpenAI son aspectos que deben ser cuidadosamente considerados por los desarrolladores que buscan crear y monetizar aplicaciones de IA. Siguiendo las mejores prácticas y manteniendo un enfoque proactivo hacia la seguridad, se puede garantizar el éxito y la sostenibilidad de las soluciones basadas en los asistentes virtuales de OpenAI.

Primeros Pasos con Playground

El dominio de la plataforma Playground de OpenAI es esencial para cualquier emprendedor que busque capitalizar la inteligencia artificial en sus proyectos. Este capítulo le guiará a través de los primeros pasos para familiarizarse con la interfaz de Playground y cómo utilizarla para comenzar a generar ideas y prototipos que puedan convertirse en productos monetizables.

Entendiendo la Interfaz de Playground

La interfaz de usuario de Playground es intuitiva y está diseñada para que los desarrolladores y no desarrolladores puedan experimentar con la potencia de los modelos de lenguaje de OpenAI. Al acceder a Playground, se encontrará con una página que presenta un área de texto donde puede ingresar sus prompts o indicaciones y un conjunto de parámetros que puede ajustar para afinar las respuestas del modelo.

Configuración de los Parámetros

Antes de sumergirse en la creación de prompts, es crucial entender los parámetros que puede ajustar:

- **Modelo:** OpenAI ofrece varios modelos de lenguaje. Elija el más adecuado para su tarea, teniendo en cuenta que algunos son más avanzados y pueden incurrir en mayores costos.
- **Temperatura:** Este parámetro controla la aleatoriedad de las respuestas del modelo. Una temperatura baja genera respuestas más predecibles, mientras que una temperatura alta puede producir respuestas más creativas y variadas.
- **Máxima longitud:** Establece el límite de palabras o tokens que la respuesta puede tener.
- **Frecuencia de penalización y Presencia de penalización:** Ajustan cómo el modelo maneja la repetición de palabras y temas en sus respuestas.
- **Mejores respuestas:** Puede solicitar al modelo que genere varias respuestas y elija las mejores según sus criterios.

Creación de Prompts Efectivos

Un prompt bien diseñado es crucial para obtener resultados útiles de Playground. Al redactar su prompt, sea claro y específico. Experimente con diferentes formulaciones para entender cómo cada cambio afecta la salida del modelo.

Prototipado de Ideas

Playground es el laboratorio perfecto para prototipar ideas. Puede usarlo para:
- **Generar ideas de productos o servicios:** Alimente al modelo con tendencias de mercado y reciba sugerencias de productos innovadores.
- **Crear nombres y slogans:** Utilice la creatividad del modelo para generar opciones de branding para su negocio.
- **Automatización de contenido:** Desde redacción de artículos hasta generación de descripciones de productos, explore cómo la IA puede asistir en la creación de contenido.

Validación y Ajuste

Una vez que haya creado su prototipo inicial con Playground, es crucial validar su viabilidad. Utilice métricas clave y feedback de usuarios potenciales para ajustar su concepto. No se olvide de iterar su prompt en función de los resultados obtenidos para mejorar la precisión de las respuestas del modelo.

De Playground al Producto

Con un prototipo validado, el siguiente paso es convertirlo en un producto monetizable. Playground ha sido su espacio de pruebas; ahora es momento de desarrollar una aplicación utilizando la API de OpenAI. Deberá tener en cuenta aspectos como la integración de la API, la escalabilidad de su aplicación y los modelos de negocio que mejor se adapten a su producto.

Reflexiones Finales

El dominio de Playground es solo el comienzo de su viaje en la monetización de la IA. A medida que se familiarice con sus capacidades, su creatividad y comprensión técnica le permitirán descubrir oportunidades inexploradas. Manténgase al día con los avances de OpenAI y no dude en experimentar con nuevas ideas. El futuro pertenece a aquellos que pueden fusionar la innovación con la viabilidad comercial, y ahora, está preparado para ser uno de ellos.

Capítulo 3

Comprendiendo la Estructura de Costos

Al adentrarnos en el mundo de las aplicaciones monetizables con la inteligencia artificial, es imperativo entender la estructura de costos asociada al uso de la API de OpenAI. Este conocimiento es la base que permite diseñar soluciones sostenibles y económicamente viables.

En primer lugar, debemos reconocer que la API de OpenAI opera bajo un modelo de pago por uso. Esto significa que cada vez que se realiza una petición a la API, se incurrirá en un costo. El modelo de facturación de OpenAI se basa en la cantidad de tokens procesados, donde un token puede ser aproximadamente equivalente a una palabra. Por lo tanto, cuanto más extensa sea la entrada o la salida de texto, mayor será el costo asociado.

Para los asistentes Playground de OpenAI, es crucial entender cómo optimizar el uso de tokens. Esto implica diseñar interacciones que sean concisas pero efectivas, evitando redundancias o solicitudes innecesarias que incrementen el uso de tokens y, por ende, el costo.

Además, OpenAI ofrece diferentes niveles de precios basados en el modelo de lenguaje utilizado. Modelos más avanzados y capaces suelen tener un costo más elevado. Por ello, es esencial elegir el modelo adecuado para la tarea específica que se quiera realizar, equilibrando costo y rendimiento. No siempre es necesario utilizar el modelo más potente si la tarea puede ser cumplida eficazmente por un modelo menos costoso.

Es importante también considerar el costo de desarrollo y mantenimiento de la aplicación. Esto incluye el tiempo dedicado a la programación, la integración de la API en el producto final, las pruebas y la optimización continua. Aunque estos costos no son directamente atribuibles a OpenAI, son parte esencial del presupuesto general y deben ser considerados en la estructura de costos del proyecto.

En el lanzamiento y escalado de la aplicación, se debe tener en cuenta el volumen de uso esperado. OpenAI ofrece planes con precios escalonados que pueden resultar más económicos para aplicaciones con un alto volumen de solicitudes. Estos descuentos por volumen pueden ser un factor determinante en la viabilidad económica de una aplicación a gran escala.

Por último, no hay que pasar por alto el costo de oportunidad. Utilizar la API de OpenAI para automatizar procesos o crear productos innovadores puede significar una reducción en costos laborales o un aumento en ingresos debido a la creación de nuevas fuentes de monetización. Estos beneficios deben ser calculados como parte del retorno de la inversión.

En resumen, la estructura de costos al trabajar con la API de OpenAI es multifacética. Requiere una comprensión detallada del modelo de facturación por tokens, la selección adecuada de modelos de lenguaje, la contabilización de los costos de desarrollo y mantenimiento, y la evaluación de los descuentos por volumen. Además, la consideración del costo de oportunidad y el potencial retorno de la inversión son aspectos cruciales para el éxito financiero de las aplicaciones basadas en la inteligencia artificial de OpenAI.

Para los asistentes Playground que se embarcan en la creación y escalado de aplicaciones monetizables, este capítulo ha sentado las bases para tomar decisiones informadas sobre la estructura de costos, lo cual es un paso fundamental para el desarrollo sostenible de soluciones innovadoras.

Modelo de Precios de OpenAI

La implementación efectiva de la inteligencia artificial en una estrategia de negocio no solo se centra en la innovación y desarrollo de productos; es también crucial entender el modelo de precios de la tecnología que se utiliza. En este capítulo, exploraremos el modelo de precios de la API de OpenAI y cómo este conocimiento es fundamental para la planificación financiera de tus proyectos de inteligencia artificial.

Estructura de Costos de OpenAI

OpenAI ofrece diferentes planes y estructuras de precios que se adaptan a una variedad de necesidades y escalas de uso. Es importante que entiendas cada uno de estos planes y cómo pueden impactar en el coste de tus aplicaciones.

Uso Básico

Para usuarios que están comenzando o que tienen necesidades mínimas, OpenAI ofrece un nivel de uso gratuito. Este nivel es ideal para desarrollar prototipos y realizar pruebas iniciales. Sin embargo, hay limitaciones en la cantidad de solicitudes que puedes hacer y en la cantidad de datos que puedes procesar.

Escalado y Uso Profesional

Cuando tu aplicación supera el uso básico, debes migrar a un plan de pago. OpenAI establece precios basados en la cantidad de tokens procesados, donde un token puede ser una palabra o un pedazo de una palabra, dependiendo de la longitud. Este tipo de estructura de precios te obliga a optimizar tus solicitudes para minimizar el número de tokens, sin sacrificar la calidad de las respuestas.

Precios Personalizados

Para empresas y aplicaciones que consumen una cantidad significativa de recursos, OpenAI ofrece precios personalizados. Este esquema permite negociar tarifas basadas en el volumen y otros servicios adicionales que puedan ser requeridos, como soporte especializado o capacitaciones.

Consideraciones para la Precificación de Productos

Cuando diseñes tu estrategia de precios para tu producto o servicio que utiliza la API de OpenAI, debes tener en cuenta los siguientes factores:

1. **Coste por Token**: Calcula el número promedio de tokens que tu aplicación consume en cada interacción para determinar el coste directo asociado con el uso de la API.

2. **Escalabilidad**: Considera cómo el modelo de precios afectará tu rentabilidad a medida que tu base de usuarios crezca. ¿Tu estructura de precios permite mantener un margen de beneficio saludable?

3. **Modelo de Negocio**: Define si pasarás el coste directamente a tus clientes o si adoptarás un modelo de suscripción o de pago por uso que incluya estos costes.

4. **Valor Añadido**: Determina cómo la integración de la inteligencia artificial añade valor a tu oferta y hasta qué punto puedes reflejar esto en tu estrategia de precios.

Monetización y Retorno de la Inversión

Para que tu proyecto sea financieramente viable, debes establecer metas claras de monetización y retorno de la inversión. Esto implica entender no solo el coste de la API de OpenAI, sino también otros costes asociados, como el desarrollo, mantenimiento y marketing de tus productos.

Análisis de Rentabilidad

Realiza un análisis de rentabilidad que incluya todos los costes y compáralos con los ingresos proyectados. Considera diferentes escenarios de uso y cómo cada uno afectará tus costes y tus precios.

Optimización de Costes

Explora maneras de optimizar el uso de la API para reducir costes. Esto puede implicar ajustar la manera en que formulas las solicitudes o encontrar el equilibrio perfecto entre la cantidad de información proporcionada y la calidad de la respuesta obtenida.

Conclusión

El modelo de precios de OpenAI puede parecer complejo al principio, pero con una comprensión profunda, podrás tomar decisiones informadas que maximicen el valor y la rentabilidad de tus aplicaciones basadas en inteligencia artificial. Recuerda que el éxito de tu producto no solo depende de su funcionalidad, sino también de una estrategia de precios bien pensada que considere tanto el coste como el valor percibido por tus usuarios finales.

Estimando el Coste y la Rentabilidad

Al embarcarnos en el desarrollo de soluciones basadas en la inteligencia artificial (IA), específicamente utilizando la API de OpenAI, es esencial tener una comprensión clara de los costes involucrados y las expectativas de rentabilidad. Este capítulo se centrará en los factores que influyen en el coste y cómo calcular la rentabilidad de nuestras aplicaciones de IA.

Evaluación de Costos

Antes de lanzar cualquier producto al mercado, es crucial entender cuánto nos costará desarrollarlo y mantenerlo. Los costos asociados con el uso de la API de OpenAI pueden dividirse en varias categorías:

1. **Costos de Desarrollo:** Incluyen el tiempo y los recursos empleados para diseñar, programar y probar la aplicación. Aquí se considera el salario del equipo de desarrollo, el costo de herramientas de software adicionales y la inversión en formación y aprendizaje para estar al día con las últimas actualizaciones de la API de OpenAI.

2. **Costos Operativos:** Son aquellos relacionados con el funcionamiento de la aplicación una vez que está en producción. Esto abarca el costo de la infraestructura de servidores o servicios en la nube donde se alojará la aplicación, y los gastos de soporte técnico y atención al cliente.

3. **Costos de la API de OpenAI:** La API de OpenAI opera con un modelo de pago por uso, donde los costos varían según el número de tokens (unidades de texto) procesados. Es fundamental entender la estructura de precios de OpenAI y estimar el volumen de uso que tendremos, para poder calcular este costo de manera precisa.

4. **Costos de Marketing:** La promoción de nuestra aplicación es indispensable para atraer usuarios. Los

costos de marketing pueden incluir publicidad pagada, creación de contenido, optimización para motores de búsqueda (SEO), entre otros.

Cálculo de Rentabilidad

Una vez identificados y estimados los costos, el siguiente paso es calcular la rentabilidad potencial. La rentabilidad se determina por la diferencia entre los ingresos generados por la aplicación y los costos totales de desarrollo y operación.

Los ingresos pueden generarse de varias maneras:

- **Modelos de Suscripción:** Donde los usuarios pagan una tarifa recurrente para acceder al servicio.
- **Modelos de Pago por Uso:** Similares al modelo de precios de OpenAI, donde los usuarios pagan en función de la cantidad de interacciones con la aplicación.
- **Modelos de Publicidad:** Si la aplicación atrae a un número significativo de usuarios, puede ser posible monetizar a través de publicidad integrada.
- **Modelos de Licencia:** Se puede optar por vender licencias de la aplicación a otras empresas o desarrolladores.

Para calcular la rentabilidad, debemos proyectar nuestros ingresos basados en el modelo de negocio elegido y restar los costos operativos y de desarrollo. Es importante tener proyecciones realistas, para lo cual es recomendable realizar un análisis de mercado y validar nuestras suposiciones con datos y pruebas de concepto.

Proyecciones Financieras

Las proyecciones financieras son estimaciones de los ingresos y gastos futuros. Una herramienta útil para esto es el modelo financiero, que nos permite jugar con diferentes variables y escenarios. Por ejemplo, podemos estimar cómo impactaría en la rentabilidad un aumento del 10% en los costos de la API o un incremento del 20% en la base de usuarios.

Estrategias para Maximizar la Rentabilidad

Para asegurarnos de que nuestra aplicación basada en la API de OpenAI sea rentable, podemos adoptar varias estrategias:

- **Optimizar el Uso de la API:** Ajustar las llamadas a la API para utilizar solo los tokens necesarios y evitar usos redundantes o ineficientes.
- **Escalabilidad:** Diseñar la aplicación de tal manera que pueda escalar fácilmente con el aumento de la demanda sin incurrir en costos exorbitantes.
- **Monetización Innovadora:** Explorar formas creativas de monetización que proporcionen valor agregado a los usuarios.
- **Control de Costos:** Mantener un seguimiento riguroso de los costos operativos y de desarrollo, buscando eficiencias en cada área.

Conclusión

Estimar el coste y la rentabilidad de las aplicaciones creadas con la API de OpenAI es una etapa crítica que determinará el éxito comercial del producto. Al analizar los costos detenidamente y proyectar los ingresos de manera realista, podemos tomar decisiones informadas que nos lleven a lanzar aplicaciones no solo innovadoras sino también económicamente viables. Con una planificación financiera sólida y estrategias de monetización efectivas, podemos asegurarnos de que nuestras soluciones de IA contribuyan positivamente tanto a nuestra línea de negocio como al avance de la inteligencia artificial en la sociedad.

Métodos de Optimización de Costes en la Implementación de la API de OpenAI

La implementación eficiente de la inteligencia artificial y, más específicamente, de la API de OpenAI, es un pilar fundamental en la monetización de asistentes virtuales y aplicaciones escalables. En este capítulo, abordaremos diversas estrategias y métodos para optimizar los costes asociados al uso de estas tecnologías, maximizando así el retorno de la inversión.
1. **Entendimiento Profundo del Modelo de Precios**
Antes de sumergirse en el desarrollo, es crucial comprender el modelo de precios de la API de OpenAI. Esto incluye los diferentes niveles y costos por token, así como los costos adicionales por requerimientos de procesamiento y almacenamiento. Familiarizarse con las especificaciones de precios permitirá una mejor estimación de los costos operativos y ayudará a tomar decisiones informadas durante el desarrollo de la aplicación.
2. **Eficiencia en el Uso de Tokens**
La optimización del uso de tokens es esencial para controlar los costos. Esto implica minimizar la cantidad

de tokens necesarios para obtener una respuesta efectiva de la API. Algunas estrategias incluyen:

- Refinar las solicitudes: Hacer preguntas precisas y bien estructuradas para reducir la cantidad de tokens procesados.
- Pre-procesamiento de datos: Limpiar y condensar la información antes de enviarla a la API para que se procese la menor cantidad de datos posible.
- Post-procesamiento de respuestas: Analizar y extraer la información más relevante de las respuestas para evitar solicitudes adicionales.

3. **Gestión Inteligente de la Caché**

Implementar una caché inteligente puede reducir significativamente el número de llamadas a la API. Al almacenar respuestas a preguntas frecuentes o datos que no cambian con el tiempo, se evita el procesamiento redundante y se ahorra en el uso de tokens.

4. **Monitoreo y Análisis de Uso**

El seguimiento del uso de la API en tiempo real permite identificar y corregir rápidamente ineficiencias. Herramientas de análisis y dashboards pueden ayudar a visualizar el uso de tokens y a detectar patrones que podrían optimizarse. Esto es vital para ajustar la estrategia de uso de la API y evitar sorpresas en la facturación.

5. **Escalabilidad Económica**

Diseñar aplicaciones con la escalabilidad en mente desde el principio puede evitar costos excesivos a medida que la aplicación crece. Esto incluye:

- Elección de la infraestructura adecuada: Determinar si es más rentable usar servidores propios o servicios en la nube que puedan escalar según la demanda.

- Arquitecturas serverless: Considerar arquitecturas sin servidor que permitan pagar únicamente por el tiempo de ejecución que se utiliza, reduciendo así los costos fijos.

6. **Automatización y Optimización de Procesos**

La automatización de tareas de mantenimiento y la optimización de procesos internos pueden reducir el tiempo y los recursos dedicados a la gestión de la API. Herramientas de integración continua y entrega continua (CI/CD) pueden ayudar en este aspecto, minimizando los esfuerzos manuales y mejorando la eficiencia.

7. **Selección de Modelos y Optimización de Rendimiento**

Elegir el modelo de IA adecuado para la tarea es esencial. No todos los modelos son iguales, y algunos pueden ser más eficientes en términos de coste y rendimiento para ciertas aplicaciones. Realizar pruebas de rendimiento y ajustar la configuración del modelo puede resultar en ahorros significativos.

8. **Externalización y Colaboraciones Estratégicas**

En algunos casos, puede ser beneficioso externalizar partes del desarrollo o buscar colaboraciones estratégicas. Trabajar con socios puede disminuir los costos de desarrollo y acelerar el tiempo de lanzamiento al mercado.

9. **Control de Versiones y Actualizaciones**

Mantener un control estricto sobre las versiones de la aplicación y las actualizaciones de la API puede prevenir gastos no planificados. Es importante evaluar el impacto de cualquier actualización en los costos de operación y realizar cambios solo cuando sea económicamente viable.

Conclusión:

La optimización de costes es un aspecto crítico en el desarrollo y escalado de productos basados en la API de OpenAI. Aplicar estas estrategias puede conducir a un uso más eficiente de recursos, mayor rentabilidad y una ventaja competitiva en el mercado. A medida que la tecnología continúa avanzando, mantenerse actualizado con las mejores prácticas y técnicas de optimización será clave para el éxito sostenido.

Capítulo 4

Desarrollo de Ideas de Negocio con la API

El desarrollo de ideas de negocio viables es un proceso que requiere creatividad, análisis del mercado y una comprensión profunda de las necesidades de los consumidores. En este capítulo, abordaremos cómo la API de OpenAI puede actuar como una herramienta poderosa para generar y validar ideas de negocio, acelerando la innovación y reduciendo el tiempo de lanzamiento al mercado.

Identificación de Oportunidades de Mercado

Para comenzar a utilizar la API de OpenAI en la generación de ideas de negocio, es fundamental identificar las oportunidades de mercado existentes. La API puede ayudar a analizar grandes volúmenes de datos de tendencias de mercado, estudios de consumo y feedback de productos existentes. Utilizando algoritmos de procesamiento de lenguaje natural (NLP), la API puede detectar patrones y preferencias del consumidor que quizás no sean evidentes a simple vista.

Creación de Productos Innovadores

Una vez identificadas las oportunidades, el siguiente paso es la creación de productos. La API de OpenAI puede ser utilizada para idear nuevos productos o mejorar los existentes. Por ejemplo, se puede utilizar GPT-3 para generar descripciones de productos, listar sus características y beneficios, y hasta diseñar preguntas y respuestas para una sección de FAQs. Además, la API puede ser utilizada para simular conversaciones con usuarios y así entender mejor sus expectativas y cómo podría ser la acogida del producto en el mercado.

Validación de la Idea

Antes de proceder con la inversión en un negocio, es crucial validar la idea de producto. La API de OpenAI puede ser de gran ayuda en este proceso. Con la capacidad de analizar y sintetizar información, la API puede realizar estudios de mercado virtuales, creando encuestas y analizando las respuestas para evaluar la viabilidad del producto. También puede generar simulaciones de ventas y proyecciones de mercado basadas en datos existentes para prever el rendimiento del producto.

Prototipado y Pruebas de Producto

El desarrollo de prototipos y la realización de pruebas de producto son etapas clave antes del lanzamiento. La API de OpenAI puede contribuir al diseño de prototipos virtuales, generando visualizaciones y descripciones detalladas que permitan a los equipos de desarrollo tener una idea clara del producto final. Además, la API puede ayudar a crear entornos de prueba virtuales para recibir feedback de usuarios potenciales y mejorar el producto antes de su lanzamiento.

Estrategias de Mercadotecnia y Ventas

Cuando el producto está listo para ser lanzado, es esencial contar con una estrategia de mercadotecnia y ventas efectiva. La API de OpenAI puede ser utilizada para generar contenido promocional creativo y personalizado, segmentar el mercado y personalizar las comunicaciones para diferentes audiencias. También puede analizar la respuesta de los consumidores en tiempo real y ajustar las estrategias de marketing para maximizar el impacto.

Escalada y Optimización de Negocios

Finalmente, una vez que el producto está en el mercado, la API de OpenAI puede ser una herramienta valiosa para escalar y optimizar el negocio. Desde la automatización de servicios al cliente hasta la optimización de la cadena de suministro, la API puede ayudar a reducir costos y aumentar la eficiencia. Además, puede proporcionar análisis predictivos para identificar nuevas oportunidades de mercado y sugerir ajustes en la estrategia de negocios para mantener la competitividad.

En resumen, la API de OpenAI es una herramienta versátil que puede transformar cada etapa del proceso de desarrollo de ideas de negocio, desde la concepción hasta la ejecución. Al integrar esta tecnología en su estrategia, los emprendedores y empresas pueden acelerar la innovación, mejorar la toma de decisiones y aumentar sus probabilidades de éxito en el competitivo mundo de los negocios.

Identificación de Nichos y Necesidades del Mercado

En el mundo hiperconectado de hoy, la identificación de nichos de mercado y necesidades insatisfechas es un paso crucial para el éxito de cualquier producto o servicio basado en la Inteligencia Artificial. La integración de la API de OpenAI en este proceso no solo es innovadora sino también esencial para aquellos que buscan destacar y ganar dinero en la economía digital.

Análisis del Mercado con IA

Para comenzar, es importante entender que un nicho de mercado es una segmentación que contiene un grupo específico de clientes con necesidades particulares. La IA, con su capacidad para procesar y analizar grandes volúmenes de datos, se convierte en una herramienta valiosa para identificar estos nichos. La API de OpenAI puede ser utilizada para rastrear tendencias de consumo, patrones de búsqueda en línea y discusiones en redes sociales, proporcionando así una comprensión detallada de los intereses y problemas no resueltos de los consumidores.

Herramientas de Descubrimiento

El asistente Playground de OpenAI es capaz de realizar análisis semánticos de textos extraídos de foros, comentarios en línea y publicaciones en redes sociales para detectar temas recurrentes y emergentes. Al instruir a la IA para que busque menciones relacionadas con insatisfacciones o solicitudes de productos, los usuarios pueden descubrir oportunidades de mercado que aún no han sido explotadas.

Validación y Segmentación

Una vez identificado un posible nicho, la API de OpenAI puede ayudar en la validación de este mercado. Creando encuestas y analizando las respuestas con técnicas de procesamiento de lenguaje natural, se puede estimar la demanda y definir con mayor precisión el perfil del consumidor objetivo. La segmentación detallada permite a los desarrolladores y empresarios diseñar soluciones a medida, aumentando la probabilidad de adopción y satisfacción del cliente.

Desarrollo de Productos Personalizados

Conocer las necesidades específicas de un nicho de mercado permite la creación de productos y servicios altamente personalizados. Utilizando la API de OpenAI, los desarrolladores pueden construir aplicaciones que no solo cumplan con las expectativas de los usuarios, sino que también sorprendan y deleiten. Por ejemplo, si se identificase una necesidad de asistencia en la escritura de contenidos técnicos, se podría desarrollar un asistente de escritura basado en IA que se especialice en generar textos de alta calidad en este ámbito.

Estrategias de Mercadeo Dirigidas

La personalización no se detiene en el desarrollo del producto. La IA también puede jugar un rol fundamental en la implementación de estrategias de marketing dirigidas. Analizando el comportamiento en línea de los consumidores dentro del nicho, los asistentes virtuales pueden diseñar campañas publicitarias que resuenen con las motivaciones y deseos de la audiencia. La capacidad de ajustarse a las preferencias del consumidor en tiempo real es uno de los grandes beneficios que ofrece la tecnología de OpenAI.

Monetización y Escalabilidad

Finalmente, una vez que el producto o servicio está en el mercado, la IA puede contribuir al análisis del rendimiento y la retroalimentación del cliente para mejorar y escalar la oferta. La utilización de datos en tiempo real para ajustar precios, expandir funciones o entrar en nuevos mercados son solo algunas de las aplicaciones monetizables que la API de OpenAI facilita.

En resumen, la identificación de nichos y necesidades del mercado es un proceso que puede ser significativamente potenciado a través del uso de la Inteligencia Artificial y la API de OpenAI. Desde el descubrimiento de oportunidades hasta la monetización de productos, la IA se convierte en un aliado estratégico para aquellos que buscan innovar y liderar en el mercado actual. Con una implementación cuidadosa y un enfoque centrado en el usuario, las posibilidades de éxito se multiplican, abriendo el camino hacia un futuro donde la IA y la creatividad humana trabajan de la mano para satisfacer las demandas de un mundo en constante evolución.

Generación y Evaluación de Ideas

En el vasto ecosistema de la Inteligencia Artificial (IA), la generación y evaluación de ideas constituyen el punto de partida para cualquier emprendimiento que aspire a capitalizar las capacidades de la API de OpenAI. Este capítulo se enfoca en cómo los asistentes de Playground pueden ser utilizados para conceptualizar y afinar ideas que no solo sean innovadoras sino también monetizables.

Generación de Ideas con IA

El proceso de generación de ideas se beneficia enormemente de la asistencia de IA. Los asistentes virtuales de Playground, equipados con modelos de lenguaje avanzados, pueden ayudar a los usuarios a expandir sus horizontes creativos. Para iniciar, es crucial definir el dominio o nicho de mercado al que apunta la idea. Esto permite al asistente contextualizar y ofrecer sugerencias más relevantes.

Una vez establecido el nicho, se pueden emplear técnicas de brainstorming asistido por IA. Por ejemplo, se puede pedir al asistente que genere una lluvia de ideas basada en tendencias emergentes en un sector particular. Asimismo, se puede utilizar la técnica de combinación de conceptos, donde el asistente de IA sugiere fusiones inesperadas entre productos o servicios existentes, lo que puede resultar en ideas disruptivas.

Evaluación de Ideas con IA

Tras generar un conjunto de ideas, el siguiente paso es evaluar su viabilidad y potencial de mercado. Los asistentes virtuales pueden ayudar en este proceso analizando datos de mercado, ofreciendo estimaciones de demanda y detectando posibles competidores.

Una herramienta útil en esta fase es la matriz de evaluación asistida por IA, donde se califican las ideas en función de criterios como innovación, escalabilidad, y rentabilidad potencial. El asistente puede proporcionar una puntuación automatizada y sugerir mejoras específicas para cada idea, basándose en el análisis de datos y modelos predictivos.

Prototipado Rápido y Feedback

Una vez que se han seleccionado las ideas más prometedoras, se debe proceder al prototipado rápido.

Los asistentes de Playground pueden ser de gran ayuda en la creación de prototipos digitales, desde chatbots hasta interfaces de usuario para aplicaciones. Estos prototipos sirven para realizar pruebas de concepto y obtener retroalimentación temprana.

El feedback puede ser recopilado y analizado por la IA para identificar patrones y preferencias de los usuarios. Esta información es vital para refinar la idea y asegurar que el producto final estará alineado con las necesidades y deseos del mercado objetivo.

Validación de Mercado y Escalado

Antes de lanzar el producto al mercado, es crucial realizar una validación exhaustiva. Las herramientas de IA pueden simular escenarios de mercado y predecir el rendimiento de un producto. Además, los asistentes de IA son capaces de monitorear las reacciones en redes sociales y otros canales digitales para evaluar la percepción pública y ajustar las estrategias de marketing de acuerdo a ello.

Una vez que el producto ha sido validado y lanzado, el escalado es el siguiente desafío. Los asistentes virtuales pueden seguir desempeñando un rol clave en la automatización de tareas, el análisis de métricas clave de rendimiento y la optimización continua del producto o servicio.

Conclusión

La generación y evaluación de ideas son procesos críticos en el camino hacia la creación de aplicaciones monetizables con la ayuda de la IA. Los asistentes virtuales de Playground no solo aumentan significativamente la eficiencia de estos procesos, sino que también ofrecen perspectivas únicas que pueden ser la diferencia entre una idea más en el mercado y una verdadera innovación disruptiva. Con el enfoque correcto y el uso estratégico de la IA, los emprendedores y desarrolladores están bien posicionados para liderar la próxima ola de transformaciones tecnológicas.

Creación de Propuestas de Valor Éticas con la Inteligencia Artificial de OpenAI

En el fascinante camino del emprendimiento con inteligencia artificial, uno de los aspectos más cruciales es la creación de propuestas de valor éticas. En este capítulo, exploraremos cómo utilizar la API de OpenAI para desarrollar soluciones que no solo sean innovadoras y rentables, sino también responsables y beneficiosas para la sociedad.

Identificación de Necesidades Éticas

El primer paso para crear una propuesta de valor ética es identificar necesidades que estén alineadas con principios morales y sociales. Utiliza la API de OpenAI para analizar grandes volúmenes de datos y detectar problemas que requieran soluciones urgentes y éticas. Por ejemplo, podrías identificar brechas en la equidad de acceso a la educación y diseñar una aplicación que proporcione recursos de aprendizaje personalizados a comunidades desfavorecidas.

Diseño de Productos con Énfasis en la Ética

Una vez identificadas las necesidades, el siguiente paso es diseñar productos que las aborden de manera ética. La API de OpenAI puede ayudarte a crear prototipos rápidamente, generar modelos predictivos o proporcionar interacciones naturales a través de chatbots. Asegúrate de que estos productos respeten la privacidad de los usuarios, promuevan la inclusión y eviten sesgos discriminatorios.

Validación de la Propuesta de Valor

La validación es un paso crucial para asegurarte de que tu propuesta de valor no solo sea técnicamente viable, sino también éticamente sólida. Utiliza la API de OpenAI para simular escenarios y prever posibles consecuencias éticas de tu producto. Realiza pruebas con grupos diversos y obtén retroalimentación que te permita ajustar tu propuesta para maximizar su impacto positivo.

Lanzamiento y Comunicación Ética

Cuando estés listo para lanzar tu producto al mercado, comunica de forma clara y transparente cómo tu solución aborda una necesidad ética y los pasos que has tomado para garantizar su integridad. La API de OpenAI puede ayudarte a generar contenido persuasivo y a establecer canales de comunicación eficientes con tus usuarios.

Escalada Responsable

Finalmente, al escalar tu aplicación, mantén un enfoque ético. Monitorea continuamente el impacto de tu solución con la ayuda de la API de OpenAI y ajusta tu modelo de negocio para asegurarte de que continúe beneficiando a la sociedad y respetando los principios éticos. Considera establecer un comité de ética o colaborar con expertos para revisar tus prácticas regularmente.

Crear propuestas de valor éticas no es solo una cuestión de responsabilidad social; es también una estrategia inteligente de negocio. En un mundo cada vez más consciente de la importancia de la ética en la tecnología, las empresas que priorizan el bienestar colectivo están destinadas a destacar y prosperar. Utiliza la API de OpenAI no solo como una herramienta para el progreso tecnológico, sino como un aliado para construir un futuro más justo y equitativo.

Capítulo 5

Creación de Productos MVP (Producto Mínimo Viable)

La creación de un Producto Mínimo Viable, o MVP por sus siglas en inglés, es un paso crucial en el desarrollo de soluciones basadas en la inteligencia artificial, particularmente al utilizar la API de OpenAI. Un MVP es la versión más simplificada de un producto que aún permite recoger la máxima cantidad de aprendizajes validados sobre los clientes con el menor esfuerzo posible. En este capítulo, abordaremos cómo se puede aplicar el concepto de MVP en el contexto de la creación de productos impulsados por la inteligencia artificial.

Identificación de Características Clave

Antes de comenzar a construir tu MVP, es fundamental identificar las características clave que resolverán un problema específico para tu grupo objetivo. Utilizando las capacidades de los asistentes virtuales de OpenAI, determina cuál es el valor principal que tu producto ofrecerá. Puede ser, por ejemplo, automatización de tareas, generación de contenido personalizado o análisis de datos complejos. Limita las características a las absolutamente necesarias para entregar este valor.

Diseño del MVP

Una vez que has identificado las características clave, es hora de diseñar tu MVP. El diseño debe enfocarse en la funcionalidad y no en la estética. Utiliza herramientas de desarrollo rápido y considera plataformas que faciliten la integración con la API de OpenAI. Recuerda que el MVP es una versión de prueba que será perfeccionada con el tiempo, así que evita la perfección y concentra tus esfuerzos en la funcionalidad.

Desarrollo y Pruebas

El desarrollo del MVP debe ser ágil. Utiliza metodologías de desarrollo iterativo y comienza con prototipos que te permitan probar las interacciones con la API de OpenAI. Realiza pruebas internas para asegurar que el MVP funciona como se espera y que la integración con la inteligencia artificial está proporcionando los resultados deseados. Las pruebas deben ser rigurosas, pero no extensas, ya que el objetivo es lanzar rápidamente y obtener retroalimentación.

Lanzamiento y Recolección de Datos

El lanzamiento de tu MVP no tiene que ser a gran escala. Puede ser limitado a un grupo de usuarios que representen a tu mercado objetivo. El objetivo es recoger datos y observar cómo los usuarios interactúan con el producto. En esta etapa, es crucial establecer métricas claras de éxito. Por ejemplo, si tu MVP es una herramienta de generación de texto, una métrica podría ser el número de usuarios que utilizan la herramienta diariamente.

Análisis de la Retroalimentación y Iteración

Una vez que tu MVP esté en manos de los usuarios, analiza la retroalimentación cuidadosamente. Las críticas constructivas son más valiosas que los elogios, ya que te señalarán exactamente qué necesita ser mejorado. Utiliza esta información para iterar y mejorar tu producto. La API de OpenAI te ofrece la flexibilidad para ajustar y escalar tu aplicación basándote en la retroalimentación recibida.

Escalado del Producto

Después de varias iteraciones y una vez que hayas encontrado un ajuste entre el producto y el mercado, es hora de escalar. Esto puede significar añadir más características, mejorar la interfaz de usuario o expandir tu base de usuarios. Con la API de OpenAI, puedes incrementar fácilmente el uso según la demanda, lo que te permite escalar de manera eficiente.

Conclusión

La creación de un MVP es una fase esencial en el desarrollo de cualquier producto de IA. Te permite validar ideas rápidamente y aprender del mercado con una inversión mínima. Al utilizar la API de OpenAI, tienes acceso a un poderoso conjunto de herramientas que pueden ayudarte a construir y mejorar tu MVP de manera ágil y efectiva. Recuerda que el objetivo final es aprender y adaptarse hasta encontrar la fórmula correcta para un producto exitoso y monetizable.

Planeación y Construcción de un MVP Utilizando la API de OpenAI

En el apasionante viaje de transformar una idea en una solución monetizable, el MVP (Producto Mínimo Viable) es una etapa crítica. Este capítulo se centra en cómo planificar y construir un MVP eficaz con la ayuda de la API de OpenAI.

Sección 1: Definición de MVP en el contexto de la IA

Un MVP es la versión más simple de un producto que puede ser lanzada con una cantidad mínima de esfuerzo y desarrollo para recoger el máximo aprendizaje viable sobre los clientes con el menor esfuerzo. En el contexto de la IA y en particular de la API de OpenAI, el MVP debe demostrar la capacidad de la inteligencia artificial para resolver un problema específico de manera efectiva.

Sección 2: Identificación de Características Clave

Antes de sumergirse en la codificación, es esencial identificar las características clave que resolverán el problema del usuario y proporcionarán valor. Con la API de OpenAI, esto podría traducirse en determinar qué tipo de modelo de lenguaje es más adecuado para la tarea, cómo la IA interactuará con el usuario y qué conjunto de habilidades deberá tener.

Sección 3: Diseño del MVP

Una vez establecidas 'las características, el diseño del MVP debe enfocarse en la simplicidad y la funcionalidad. Se debe crear un flujo de usuario que sea intuitivo y que haga uso de la inteligencia artificial de manera efectiva. En esta etapa, se deben realizar bocetos o mockups para visualizar el producto y su interacción con la API de OpenAI.

Sección 4: Desarrollo del MVP

El desarrollo debe ser ágil y orientado a resultados. Utilizando frameworks de desarrollo rápidos y lenguajes de programación compatibles con la API de OpenAI, se construirá la base del MVP. Es crucial en esta fase la implementación de buenas prácticas de programación para facilitar iteraciones rápidas y eficientes.

Sección 5: Integración con la API de OpenAI

La integración con la API es el corazón de nuestro MVP. Se debe asegurar que las llamadas a la API sean óptimas y que la manipulación de los datos de entrada y salida sea correcta. En este punto, se establecerán los parámetros adecuados para las solicitudes y se manejarán las respuestas de la IA para alinearlas con las expectativas del usuario.

Sección 6: Pruebas y Validación

Con el MVP desarrollado, se deben realizar pruebas exhaustivas para asegurar que el producto funciona como se espera y que la experiencia del usuario es satisfactoria. Las pruebas deben incluir escenarios de uso real y también pruebas para evaluar cómo maneja la IA situaciones inesperadas o datos atípicos.

Sección 7: Recolección y Análisis de Feedback

El propósito del MVP es aprender. Por tanto, se debe recoger feedback de los usuarios de forma sistemática y analizarlo para entender qué funciona, qué no y por qué. Este feedback será la base para las iteraciones futuras del producto.

Sección 8: Iteración y Mejora

Con base en el feedback, se planificarán y ejecutarán iteraciones del MVP. Este es un proceso continuo de mejora y afinación, donde la API de OpenAI ofrece flexibilidad para ajustar el comportamiento del asistente virtual y mejorar la experiencia del usuario.

Sección 9: Preparación para el Escalamiento

Una vez que el MVP ha sido afinado y validado en el mercado, es momento de prepararse para escalar. Esto implica optimizar el código, asegurar la escalabilidad de la infraestructura y planificar la expansión de las funcionalidades utilizando la API de OpenAI.

Sección 10: Conclusión

El desarrollo de un MVP utilizando la API de OpenAI es un proceso que combina la creatividad con la metodología. Al seguir estos pasos, los desarrolladores y emprendedores pueden construir productos innovadores que no solo resuelvan problemas reales sino que también estén preparados para crecer y adaptarse en el dinámico mercado de la inteligencia artificial.

Este capítulo ha proporcionado una guía clara para la planeación y construcción de un MVP con la API de OpenAI, un paso esencial hacia la creación de soluciones monetizables que marcarán el futuro de la interacción humano-computadora.

Iteración Rápida con Feedback del Usuario

En el dinámico mundo de la tecnología, la iteración rápida es el corazón del desarrollo de productos exitosos. La capacidad de adaptarse rápidamente a las necesidades y preferencias del usuario es especialmente crítica cuando se trabaja con aplicaciones impulsadas por Inteligencia Artificial (IA), como las que incorporan la API de OpenAI. En este capítulo, exploraremos cómo utilizar el feedback del usuario para iterar y mejorar continuamente su producto de IA, manteniendo su solución a la vanguardia del mercado.

Comprendiendo la Importancia del Feedback del Usuario

El feedback del usuario es una herramienta invaluable para afinar su aplicación de IA. Escuchar a sus usuarios les proporciona información crítica sobre cómo se están utilizando las funcionalidades, qué problemas están encontrando y cómo podrían mejorar su experiencia. Esta información directa es esencial para priorizar las mejoras y asegurar que su producto siga siendo relevante y útil.

Establecimiento de Canales de Feedback

Para recabar el feedback, primero debe establecer canales efectivos de comunicación con sus usuarios. Esto puede incluir encuestas dentro de la aplicación, foros de discusión, grupos de usuarios, soporte por chat en vivo y sistemas de seguimiento de incidencias. Asegúrese de que estos canales sean accesibles y fáciles de usar para animar a los usuarios a compartir sus experiencias y sugerencias.

Integración del Feedback en el Ciclo de Desarrollo

Una vez que ha recopilado el feedback, el siguiente paso es integrarlo en su ciclo de desarrollo. Esto significa categorizar y priorizar las sugerencias y problemas reportados, y luego planificar su incorporación en futuras iteraciones de su producto. La agilidad es clave aquí; debe ser capaz de implementar cambios y nuevas características rápidamente para responder a las necesidades de los usuarios.

Pruebas A/B y Experimentación

La experimentación es una estrategia poderosa para evaluar las mejoras propuestas. Las pruebas A/B, donde a diferentes segmentos de usuarios se les presenta versiones alternativas de una característica, pueden ofrecer datos valiosos sobre qué versión funciona mejor en términos de engagement y satisfacción del usuario. Utilice estos insights para informar sus decisiones de desarrollo.

Monitoreo Continuo y Análisis de Datos

El monitoreo continuo y el análisis de datos son fundamentales para comprender cómo las iteraciones están afectando el uso del producto. Las métricas como la retención de usuarios, la frecuencia de uso y la satisfacción general son indicadores de la salud de su aplicación. Herramientas analíticas pueden ayudar a rastrear estos datos y extraer insights accionables.

Ciclos de Retroalimentación Cortos

Implemente ciclos de retroalimentación cortos para mantenerse ágil y receptivo. Cuanto más rápido pueda iterar en base al feedback del usuario, más rápido podrá mejorar su producto. Esto no solo aumenta la satisfacción del usuario, sino que también le permite mantenerse por delante de la competencia, ajustando su producto a las tendencias emergentes y a las necesidades cambiantes del mercado.

La IA y el Feedback del Usuario

Finalmente, no olvide que la propia IA puede ser una herramienta para procesar y entender el feedback del usuario. Utilice las capacidades de procesamiento de lenguaje natural de la API de OpenAI para analizar comentarios, identificar tendencias en el feedback y extraer insights. Esto puede ayudar a automatizar parte del proceso de recopilación y análisis de feedback, permitiéndole centrarse en la implementación de mejoras cruciales.

Conclusión
La iteración rápida con feedback del usuario es un componente esencial para el éxito de cualquier aplicación de IA. Al establecer un bucle de retroalimentación efectivo y centrarse en la mejora continua, su producto no solo satisfará sino que superará las expectativas de los usuarios. A través de la adaptación constante y la innovación impulsada por el usuario, su aplicación de IA seguirá siendo relevante y valiosa en un mercado en constante evolución.

Casos de Uso y Ejemplos de MVP Exitosos

En el viaje para transformar la inteligencia artificial en una herramienta generadora de ingresos, los MVP (Producto Mínimo Viable) juegan un papel crucial. Un MVP efectivo demuestra la viabilidad de una idea con el mínimo esfuerzo y recursos, permitiendo recoger feedback vital para futuras iteraciones. En este capítulo, exploraremos casos de uso específicos y ejemplos de MVP que han usado la API de OpenAI para crear aplicaciones innovadoras y rentables.

Asistente de Redacción Inteligente
Un ejemplo prominente de MVP exitoso es un asistente de redacción que utiliza la API de OpenAI para mejorar la calidad de escritura de sus usuarios. Este servicio permite a los usuarios ingresar texto y recibir sugerencias de mejora en tiempo real. La inteligencia artificial puede corregir errores gramaticales, sugerir sinónimos y mejorar la estructura

del contenido. La implementación inicial de este asistente requería solo una interfaz simple y una integración básica de la API, pero rápidamente ganó popularidad. Con el tiempo, el producto se expandió para ofrecer optimización SEO, análisis de tono y estilo, y personalización del contenido según la audiencia objetivo.

Plataformas de Atención al Cliente Mejoradas

Otro caso de uso es el desarrollo de chatbots para el servicio al cliente. Empresas de diferentes sectores han incorporado chatbots impulsados por la API de OpenAI para proporcionar respuestas instantáneas a las preguntas de los clientes. Un MVP en este espacio puede ser tan simple como un chatbot que responde preguntas frecuentes en una página web. A medida que el MVP evoluciona, se pueden añadir capacidades como el procesamiento de lenguaje natural para interpretar mejor las consultas complejas y proporcionar respuestas más personalizadas y contextuales.

Análisis de Sentimientos y Tendencias de Mercado

Un caso de uso intrigante es el uso de la API de OpenAI para analizar sentimientos y tendencias de mercado. Startups financieras han construido MVPs que escanean redes sociales y sitios de noticias para recoger opiniones sobre acciones específicas, criptomonedas o mercados. Estos MVPs proporcionan a los inversores una visión rápida del sentimiento general, permitiéndoles tomar decisiones de inversión más informadas. Aunque las primeras versiones pueden ofrecer análisis básicos, las versiones más avanzadas integran aprendizaje profundo y modelos complejos para predecir movimientos de mercado con mayor precisión.

Personalización de la Experiencia de Compra Online

La personalización de la experiencia de compra online es un área donde los MVPs basados en la inteligencia artificial están teniendo un impacto significativo. Retailers en línea han adoptado la API de OpenAI para generar recomendaciones de productos personalizadas. Un MVP en este dominio puede comenzar con recomendaciones generadas a partir de compras anteriores y, gradualmente, incorporar análisis de comportamiento en tiempo real para ofrecer sugerencias cada vez más personalizadas y oportunas.

Creación de Contenidos Automatizada

Finalmente, la creación automatizada de contenidos es un campo emergente con un gran potencial para MVPs basados en inteligencia artificial. La API de OpenAI ha sido utilizada para generar artículos, informes y contenido para redes sociales. Los MVPs en esta categoría arrancan con la generación de textos cortos y estructurados que requieren supervisión humana. Sin embargo, a medida que la tecnología y los modelos de lenguaje mejoran, la generación de contenido se vuelve más sofisticada, abriendo la puerta a la automatización de blogs completos y campañas de marketing.

Estos ejemplos ilustran cómo la API de OpenAI puede ser el motor detrás de una variedad de MVPs exitosos. Al empezar con un producto simple y escuchar activamente el feedback de los usuarios, los emprendedores y desarrolladores pueden iterar rápidamente y escalar sus productos para satisfacer las demandas del mercado. La clave es identificar una necesidad clara y aplicar la inteligencia artificial de manera que proporcione un valor tangible y diferenciador. Con estas estrategias, cualquier MVP tiene el potencial de convertirse en una solución monetizable que cambie las reglas del juego en su mercado.

Capítulo 6

Marketing y Ventas para Aplicaciones basadas en AI

El marketing y las ventas constituyen el motor que impulsa el éxito comercial de cualquier producto, y las aplicaciones basadas en Inteligencia Artificial (AI) no son la excepción. En este capítulo, abordaremos las estrategias efectivas para comercializar y vender aplicaciones que integran la API de OpenAI, aprovechando las capacidades avanzadas de los asistentes virtuales como Playground.

Estrategias de Marketing para AI
1. Definición de la Propuesta de Valor
Antes de lanzar cualquier campaña de marketing, es esencial definir claramente la propuesta de valor de tu

aplicación basada en AI. ¿Qué problema resuelve tu aplicación? ¿Cómo mejora la productividad o la vida de tus usuarios? La propuesta debe ser concisa y atractiva, destacando los beneficios únicos que ofrece la integración con la API de OpenAI.

2. Targeting y Segmentación del Mercado

Identifica a tu público objetivo. Las aplicaciones de AI pueden ser muy especializadas, por lo que es crucial comprender a quién te diriges. ¿Son empresas de un sector específico? ¿Profesionales individuales? ¿Consumidores generales interesados en tecnología? Segmenta el mercado y personaliza tu mensaje para cada grupo.

3. Content Marketing

El marketing de contenidos es una herramienta poderosa para educar a tu audiencia sobre la AI y cómo tu aplicación puede beneficiarlos. Crea contenido de valor, como artículos de blog, videos, infografías y estudios de caso que ilustren casos de uso reales y exitosos. Asegúrate de que el contenido sea accesible y evite jerga técnica excesiva.

4. Redes Sociales y Comunidades en Línea

Utiliza las redes sociales y las comunidades en línea para interactuar con tu audiencia. Plataformas como LinkedIn, Twitter y foros especializados en AI son excelentes lugares para compartir novedades, obtener feedback y construir una comunidad alrededor de tu producto.

Técnicas de Venta para Aplicaciones de AI

1. Demostraciones y Pruebas Gratuitas

Una demostración en vivo o una versión de prueba gratuita pueden ser decisivas para la venta de tu aplicación. Permiten que los potenciales clientes experimenten de primera mano los beneficios y la facilidad de uso de tu producto. Asegúrate de que el proceso de demostración sea sencillo y que resalte las capacidades más fuertes de la aplicación.

2. Casos de Uso y Testimonios

Los posibles compradores quieren ver resultados tangibles. Proporciona casos de uso detallados y testimonios de clientes satisfechos. Las historias de éxito son una prueba convincente del valor de tu aplicación y pueden ayudar a superar la reticencia a adoptar nuevas tecnologías.

3. Formación y Soporte

Ofrece formación y soporte para disminuir la barrera de entrada al uso de aplicaciones de AI. Muchos clientes potenciales pueden estar preocupados por la complejidad percibida de la AI. Un equipo de soporte atento y materiales de formación claros pueden aliviar estas preocupaciones.

4. Estrategias de Precios

La estrategia de precios debe reflejar el valor que tu aplicación aporta a los usuarios. Considera modelos de precios que se alineen con el uso y el tamaño del cliente, como suscripciones, licencias perpetuas o precios basados en el valor. La flexibilidad puede hacer que tu producto sea atractivo para una gama más amplia de clientes.

5. Ventas Consultivas

Adopta un enfoque de ventas consultivas. Escucha las necesidades y desafíos de tus clientes y demuestra cómo tu aplicación de AI puede resolverlos. Esta aproximación centrada en el cliente construye confianza y establece relaciones a largo plazo.

6. Alianzas Estratégicas

Forma alianzas con otras empresas y plataformas que puedan beneficiarse de tu aplicación. Estas alianzas pueden proporcionar canales de ventas adicionales y aumentar la visibilidad de tu producto.

El marketing y las ventas para aplicaciones basadas en AI requieren un enfoque meticuloso y estratégico. Al centrarse en la propuesta de valor, identificar y comprender a tu audiencia, y emplear tácticas de marketing y ventas adaptadas, puedes maximizar el potencial comercial de tu producto. Recuerda que la transparencia, la educación y el apoyo continuo son clave para ganar y retener a tus clientes en el mundo emergente de la AI.

Estrategias de Marketing Digital para la Inteligencia Artificial de OpenAI

El marketing digital es un campo dinámico que se transforma constantemente con la evolución de la tecnología. La incorporación de la Inteligencia Artificial (IA) de OpenAI en este ámbito no solo es innovadora, sino que también abre un nuevo abanico de posibilidades para los profesionales del marketing. En este capítulo, exploraremos estrategias específicas para aplicar las capacidades de la IA de OpenAI en el marketing digital y cómo estas pueden impulsar nuestros esfuerzos de promoción y venta.

1. Personalización a Escala

Gracias a la IA, podemos analizar grandes volúmenes de datos para entender mejor a nuestros clientes y personalizar nuestras campañas de marketing. La API de OpenAI permite crear experiencias únicas para cada usuario. Imagina enviar emails marketing que no solo incluyan el nombre del destinatario, sino contenido generado automáticamente que resuene con sus intereses y comportamientos previos. Esto se traduce en una mayor tasa de apertura y una conexión más profunda con la marca.

2. Creación de Contenido Optimizado

El desarrollo de contenido relevante y de calidad es fundamental en cualquier estrategia de marketing digital. Utilizando la IA de OpenAI, podemos optimizar este proceso generando artículos, publicaciones en blogs y descripciones de productos que no solo sean originales, sino que también estén optimizados para SEO. La IA puede ayudar a identificar las palabras clave más efectivas y generar textos que las incorporen de manera natural, aumentando así la visibilidad en los motores de búsqueda.

3. Análisis Predictivo y Segmentación

La capacidad de predecir tendencias y comportamientos es una ventaja competitiva en el marketing digital. La IA de OpenAI puede procesar y analizar datos de consumidores para prever sus acciones futuras. Esto permite segmentar audiencias de manera más efectiva y ajustar las campañas para alcanzar a aquellos usuarios más propensos a convertir, mejorando el ROI de nuestras campañas publicitarias.

4. Chatbots y Asistentes Virtuales

Los chatbots y asistentes virtuales impulsados por la IA de OpenAI pueden transformar la atención al cliente. Estos sistemas no solo responden preguntas frecuentes, sino que también pueden guiar a los clientes a través del embudo de ventas, proporcionando recomendaciones personalizadas y asistencia en tiempo real. Implementar estas herramientas en sitios web y plataformas de redes sociales mejora la experiencia del usuario y puede incrementar las tasas de conversión.

5. Anuncios Dinámicos

La IA puede revolucionar la manera en que diseñamos y desplegamos anuncios online. Con la API de OpenAI, es posible crear anuncios dinámicos que se adapten al comportamiento del usuario en tiempo real. Si un usuario ha mostrado interés en un producto en particular, la IA puede generar un anuncio personalizado para ese producto, aumentando la probabilidad de que el usuario realice una compra.

6. Monitoreo y Optimización de Campañas

Una vez que nuestras campañas estén en marcha, la IA de OpenAI puede monitorear su desempeño y sugerir ajustes en tiempo real. Esto incluye modificar presupuestos, pausar anuncios de bajo rendimiento o escalar aquellos con mejor desempeño. Esta optimización continua es clave para mantener la relevancia y la eficiencia del gasto publicitario.

7. Generación de Insights a partir de Datos

Finalmente, la IA de OpenAI nos permite extraer insights valiosos de los datos recolectados. Podemos identificar patrones y tendencias que de otra forma serían imperceptibles. Estos insights pueden informar estrategias futuras y ayudarnos a entender mejor el mercado y a nuestra audiencia.

En conclusión, la IA de OpenAI ofrece herramientas poderosas para revolucionar nuestras estrategias de marketing digital. Desde la personalización hasta la optimización de anuncios, la IA nos permite crear campañas más efectivas, eficientes y conectadas con los deseos y necesidades de nuestros clientes. Al integrar estas aplicaciones de IA en nuestras estrategias de marketing, podemos no solo mejorar nuestros resultados, sino también ofrecer experiencias inolvidables que nos diferencien en un mercado cada vez más saturado.

Definición de Tu Audiencia Objetivo

En el proceso de crear y lanzar una solución monetizable basada en la inteligencia artificial de OpenAI, uno de los pasos fundamentales es la identificación precisa de tu audiencia objetivo. Una audiencia bien definida es la piedra angular para el diseño de un producto que responda a necesidades específicas y que, por ende, tenga un mayor potencial de éxito en el mercado. Este capítulo se centrará en cómo puedes utilizar las herramientas de OpenAI para identificar, analizar y comprender a tu audiencia objetivo.

Identificación de la Audiencia

El primer paso para definir tu audiencia objetivo es comprender quiénes son los usuarios que podrían beneficiarse de tu producto o servicio. Para ello, es vital realizar un análisis demográfico y psicográfico, que incluya:
- Edad
- Género
- Ubicación geográfica
- Nivel de educación
- Intereses
- Comportamiento en línea
- Profesión
- Necesidades y problemas a resolver

Puedes comenzar utilizando la API de OpenAI para recopilar datos a través de encuestas, análisis de redes sociales y foros en línea, lo que te permitirá obtener una visión más clara de las características de tus posibles usuarios.

Análisis de la Audiencia

Una vez que hayas identificado a tu audiencia potencial, el siguiente paso es analizarla para comprender sus necesidades. La API de OpenAI puede ser una herramienta invaluable en este proceso. Por ejemplo, puedes entrenar modelos de lenguaje para interpretar comentarios y publicaciones en redes sociales, extrayendo insights sobre lo que los usuarios dicen sobre problemas existentes, productos actuales y lo que esperan de una nueva solución.

Segmentación de la Audiencia

No todos los usuarios son iguales ni tienen las mismas necesidades. La segmentación de la audiencia te permite dividir a tu público en grupos más pequeños y manejables basados en características comunes. Esto te ayudará a personalizar tu enfoque y a adaptar tu producto para satisfacer las necesidades de cada segmento de manera más eficiente.

Utiliza los datos que has recopilado y analizado para crear perfiles de usuario detallados. Playground puede ser una herramienta de apoyo en este proceso, permitiéndote simular conversaciones y escenarios con diferentes perfiles de usuario, lo que te ayudará a entender y atender sus necesidades de manera más efectiva.

Comunicación con la Audiencia

Conocer a tu audiencia también significa saber cómo comunicarte con ella. La elección del tono, el lenguaje y los canales de comunicación son críticos para conectar con tu público. Los asistentes virtuales de OpenAI pueden ser programados para interactuar con los usuarios en su lenguaje natural, lo cual es esencial para crear una experiencia de usuario positiva y un vínculo de confianza.

Validación de la Audiencia

Antes de lanzar tu producto final, es crucial validar que estás alcanzando a la audiencia correcta. Puedes utilizar la API de OpenAI para crear prototipos o versiones beta de tu producto y obtener retroalimentación directa de un grupo representativo de tu audiencia objetivo. Esta retroalimentación te proporcionará información valiosa para realizar ajustes y refinamientos necesarios antes del lanzamiento.

Conclusión

Definir y comprender a tu audiencia objetivo es un proceso iterativo y esencial en el desarrollo de cualquier producto monetizable basado en la inteligencia artificial. La API de OpenAI ofrece herramientas poderosas para ayudarte en cada paso del camino, desde la identificación inicial hasta la validación final de tu audiencia. Al centrarte en las necesidades y deseos de tu público, podrás crear soluciones innovadoras que no solo satisfagan sus expectativas sino que también superen lo que creían posible, posicionando tu producto en la vanguardia del mercado.

Tácticas de Venta y Escalado para Monetizar la Inteligencia Artificial

En capítulos anteriores, exploramos cómo identificar oportunidades y crear productos utilizando la API de OpenAI. Ahora que tenemos un producto viable, es esencial enfocarnos en las tácticas de venta y las estrategias de escalado que nos permitirán monetizar efectivamente nuestra solución basada en inteligencia artificial.

Estrategias de Venta para Productos de IA

Entendiendo a tu Cliente Ideal

Antes de vender, es crucial comprender a fondo a nuestro cliente ideal. ¿Qué problemas enfrentan? ¿Cómo puede nuestra solución de IA resolver esos problemas de manera única? La API de OpenAI nos da la ventaja de personalizar las interacciones basadas en las necesidades específicas del cliente, lo que aumenta las posibilidades de éxito en la venta.

Demostraciones de Producto

Una demostración efectiva puede ser el punto de inflexión para cerrar una venta. Utiliza la API de OpenAI para crear demos interactivas que muestren cómo tu producto puede simplificar las tareas o procesos del cliente. Las demostraciones deben ser claras, concisas y centradas en los beneficios que el cliente obtendrá.

Precios y Modelos de Suscripción

Determina un modelo de precios que refleje el valor que proporciona tu producto. Considera modelos de suscripción que permitan a los clientes acceder a tu solución de IA sin un gran desembolso inicial. El uso de la API de OpenAI nos permite ofrecer planes flexibles basados en el uso, lo que puede ser un punto de venta convincente para los clientes preocupados por el costo.

Estrategias de Escalado

Automatización de Procesos de Venta

A medida que tu base de clientes crece, automatizar los procesos de venta se vuelve crucial. Implementa chatbots y asistentes virtuales para manejar preguntas frecuentes y calificar leads. Esto permite que tu equipo se concentre en las interacciones que requieren un toque más personal.

Expansión de Mercados

No te limites a tu mercado local. La inteligencia artificial y las capacidades lingüísticas de la API de OpenAI hacen posible la expansión a nuevos mercados internacionales con relativa facilidad. Investiga y adapta tu producto para satisfacer las necesidades y cumplir con las regulaciones de cada nuevo mercado.

Alianzas Estratégicas

Formar alianzas estratégicas con otras empresas puede ser una forma efectiva de escalar. Busca socios que complementen tu oferta de IA y que puedan beneficiarse mutuamente de la relación. Esto podría significar integrar tu producto con otros servicios o co-crear nuevas soluciones que abran mercados adicionales.

Feedback Continuo y Mejora del Producto

El escalado exitoso depende de la capacidad para mejorar continuamente el producto. Utiliza la retroalimentación de los clientes para iterar y mejorar tu solución. La API de OpenAI puede ayudar en el análisis de datos de feedback a gran escala para identificar tendencias y áreas de mejora.

Conclusión

Vender y escalar productos de IA requiere una combinación de estrategias centradas en el valor para el cliente y en el uso inteligente de la tecnología para automatizar y optimizar procesos. Al aplicar estos principios, puedes maximizar el potencial de tu solución basada en la API de OpenAI y asegurar un crecimiento sostenible en el mercado de la inteligencia artificial. Recuerda que el éxito en la monetización de tu producto depende no solo de la tecnología en sí, sino también de cómo la vendes y la adaptas a las necesidades cambiantes del mercado.

Capítulo 7

Aspectos Legales y Éticos de la Monetización de AI

La inteligencia artificial (AI) ha abierto un abanico de posibilidades en el ámbito de la generación de ingresos. Sin embargo, con el gran poder que otorga la API de OpenAI y las herramientas como Playground, vienen grandes responsabilidades. Es imperativo que, como desarrolladores y emprendedores, nos adentremos en los aspectos legales y éticos que enmarcan la monetización de la AI.
Derechos de Autor y Propiedad Intelectual

El primer aspecto legal a considerar es el respeto por los derechos de autor y la propiedad intelectual. Al utilizar la API de OpenAI para crear contenido, se debe tener en cuenta que la información de entrada no infrinja los derechos de terceros. Esto incluye textos, imágenes, datos y cualquier otro material protegido por derechos de autor que la AI podría utilizar para aprender o generar salidas.

Privacidad de Datos

La privacidad de datos es otro tema crítico. Las aplicaciones que utilicen AI deben cumplir con las normativas de protección de datos vigentes, como el Reglamento General de Protección de Datos (GDPR) en la Unión Europea o la Ley de Privacidad del Consumidor de California (CCPA). Esto implica obtener el consentimiento adecuado de los usuarios para recopilar y procesar sus datos, así como garantizar su seguridad y confidencialidad.

Transparencia y Honradez

En cuanto al marketing y la venta de productos basados en AI, la transparencia es clave. Los usuarios deben ser informados de que están interactuando con una AI. Además, se debe evitar exagerar las capacidades del sistema o prometer resultados que no se puedan garantizar de manera realista.

Sesgos y Discriminación

Un desafío ético importante es el de evitar sesgos y discriminación en los sistemas de AI. Dado que la AI aprende de los datos que se le proporcionan, cualquier prejuicio en esos datos puede reflejarse en sus salidas.

Es fundamental trabajar activamente para identificar y mitigar estos sesgos para no perpetuar ni amplificar la discriminación.

Responsabilidad y Recurso

Debe establecerse un marco de responsabilidad claro. En caso de que una aplicación de AI cause daños o perjuicios, debe haber un mecanismo de recurso para los afectados. Asimismo, es vital definir quién es responsable de los actos de la AI: el desarrollador, el proveedor de la API, o el usuario final.

Uso Ético de la AI

Por último, pero no menos importante, el uso ético de la AI implica considerar las implicaciones a largo plazo de las aplicaciones desarrolladas. Cuestiones como la automatización del empleo y el impacto en la sociedad deben ser tenidas en cuenta para evitar contribuir a problemas como el desempleo tecnológico o la desigualdad.

En conclusión, la monetización de la AI con la API de OpenAI ofrece oportunidades emocionantes, pero también requiere una consideración seria de los aspectos legales y éticos. Al abordar estos temas de manera proactiva y consciente, no solo cumpliremos con la ley, sino que también fomentaremos la confianza y el respeto de los usuarios, lo cual es esencial para el éxito a largo plazo de cualquier emprendimiento en el campo de la AI.

Derechos de autor y propiedad intelectual en la creación de aplicaciones con la API de OpenAI

En la creación de aplicaciones monetizables utilizando la API de OpenAI, es fundamental comprender el marco legal que rige los derechos de autor y la propiedad intelectual. Este capítulo se enfocará en los aspectos más relevantes que los desarrolladores y emprendedores deben tener en cuenta para respetar la legislación vigente y proteger sus propias creaciones.

Entendiendo la Propiedad Intelectual en la Era de la IA

La propiedad intelectual se refiere al conjunto de derechos exclusivos concedidos sobre creaciones del intelecto humano. Estos derechos permiten a los creadores obtener reconocimiento y beneficio económico por lo que inventan o diseñan. Con la inteligencia artificial, surgen nuevos desafíos y consideraciones dado que las máquinas ahora pueden generar obras que, en algunos casos, podrían ser consideradas creativas o inventivas.

Derechos de Autor y Creaciones de IA

En la actualidad, la mayoría de las legislaciones nacionales no reconocen a la IA como titular de derechos de autor. Por consiguiente, las obras generadas por inteligencia artificial normalmente son consideradas como del dominio público, a menos que se pueda atribuir la autoría a una persona que haya contribuido de manera significativa en el proceso creativo. Es crucial que, al desarrollar aplicaciones con la API de OpenAI, se documente adecuadamente la contribución humana para establecer la titularidad de los derechos de autor.

Licencias y Uso de la API de OpenAI

OpenAI ofrece su API bajo ciertas condiciones de uso, las cuales incluyen restricciones en cuanto a la reproducción, distribución y modificación de los contenidos generados. Es imperativo que los usuarios de la API se familiaricen con estos términos para evitar infracciones que puedan resultar en sanciones o la revocación del acceso. Además, cuando se integra contenido de terceros en una aplicación que utiliza la API de OpenAI, se debe asegurar que dicho contenido no infrinja los derechos de autor de otros.

Protegiendo tu Propia Creación

Una vez que has creado una aplicación con la ayuda de la API de OpenAI, es importante tomar medidas para proteger tu propia propiedad intelectual. Esto puede incluir el registro de derechos de autor, la obtención de patentes para invenciones o el uso de marcas comerciales para proteger los nombres y logotipos asociados con tu producto. Adicionalmente, los términos de servicio y las licencias de usuario final (EULA) son herramientas clave para establecer las condiciones bajo las cuales tu aplicación puede ser utilizada por otros.

Respetando la Privacidad y los Datos de los Usuarios

Al desarrollar aplicaciones que procesan información personal, es esencial cumplir con las legislaciones de protección de datos, como el GDPR en Europa o la

CCPA en California. Debes asegurarte de que tu aplicación obtenga el consentimiento adecuado para la recopilación y el uso de datos, y que proporcione las medidas de seguridad necesarias para proteger esa información.

Conclusiones

La integración exitosa de la API de OpenAI en tus proyectos requiere no solo habilidad técnica, sino también una clara comprensión de los derechos de autor y la propiedad intelectual. Al navegar por este complejo entorno legal con diligencia y respeto, estarás en una mejor posición para lanzar y escalar aplicaciones que no solo sean innovadoras y monetizables, sino también éticas y legales. Recuerda que el asesoramiento jurídico profesional es invaluable para garantizar que tu empresa cumpla con todas las regulaciones pertinentes y para proteger tus activos intelectuales.

Ética en el Uso de la Inteligencia Artificial

La Inteligencia Artificial (IA) ha demostrado ser una herramienta revolucionaria en la transformación de industrias y la creación de nuevas oportunidades de negocio. Sin embargo, con el enorme potencial que ofrece la IA, especialmente a través de la API de OpenAI, surge una importante responsabilidad: la de garantizar un uso ético de la tecnología. En este capítulo, exploraremos las consideraciones éticas que deben tenerse en cuenta al desarrollar y lanzar productos basados en IA.

Primero, abordemos el principio de la transparencia. Cuando utilizas la IA para ofrecer servicios, es fundamental que tus usuarios comprendan que están interactuando con una máquina. Esto no solo se alinea con prácticas honestas de negocio, sino que también fomenta la confianza y la aceptación de la tecnología. En el diseño de tu producto, asegúrate de que las interacciones sean claras y que los usuarios sepan cuándo están recibiendo respuestas generadas por IA.

El respeto a la privacidad es otro pilar ético indispensable. Los asistentes de IA tienen la capacidad de procesar grandes cantidades de datos personales. Por ello, debes implementar medidas robustas de seguridad de datos y cumplir con las regulaciones de privacidad como el GDPR en Europa o la CCPA en California. Asegúrate de obtener el consentimiento explícito de los usuarios antes de recopilar o utilizar sus datos y proporciona opciones claras para que puedan gestionar su propia información.

La equidad y la inclusión deben ser consideraciones primordiales en el desarrollo de tu producto. La IA se nutre de los datos que se le proporcionan, y si esos datos son sesgados, las decisiones que tome la IA también lo serán. Es tu responsabilidad asegurarte de que los conjuntos de datos sean lo más diversos e inclusivos posible para evitar perpetuar o amplificar prejuicios existentes. Además, es crucial diseñar interfaces y experiencias de usuario que sean accesibles para personas con diferentes capacidades y antecedentes.

En cuanto a la responsabilidad, es importante reconocer que, aunque los sistemas de IA pueden llevar a cabo tareas complejas, la responsabilidad final de las decisiones y acciones tomadas recae sobre los humanos que los diseñan y despliegan. Debes estar dispuesto a asumir la responsabilidad de cómo tu producto afecta a los individuos y a la sociedad en su conjunto. Esto incluye estar preparado para intervenir y corregir el curso si tu sistema de IA actúa de manera no deseada o perjudicial.

Finalmente, la sostenibilidad debe integrarse en tu enfoque ético. A medida que construyes y escalas tu aplicación basada en IA, considera el impacto ambiental del consumo de energía y los recursos necesarios para entrenar y mantener los modelos de IA. Busca maneras de optimizar la eficiencia y reducir la huella de carbono de tus operaciones.

En conclusión, al integrar la ética en el núcleo de tus proyectos basados en IA, no solo estás protegiendo a tus usuarios y a la sociedad, sino que también estás construyendo una base sólida para el éxito a largo plazo de tu empresa. La ética en la IA no es simplemente una cuestión de cumplimiento, sino una ventaja competitiva que puede diferenciarte en el mercado. Al seguir estos principios, te posicionarás como un líder en la creación de tecnología responsable y confiable que beneficia a todos.

Cumplimiento de Políticas y Privacidad de Datos

En el emocionante viaje de la monetización de la inteligencia artificial (IA), un aspecto de suma importancia es el cumplimiento de políticas y la privacidad de datos. Con el auge de la IA y la utilización de servicios como la API de OpenAI, los desarrolladores y emprendedores deben ser conscientes de las regulaciones y leyes que protegen la información personal y los derechos de los usuarios.

I. Entendiendo la Privacidad de Datos

Comprender la privacidad de datos es fundamental antes de iniciar cualquier proyecto que implique el uso de información personal. Las leyes de privacidad, como el Reglamento General de Protección de Datos (GDPR) de la Unión Europea o la Ley de Privacidad del Consumidor de California (CCPA), establecen un marco legal para la protección de datos personales. Estas leyes exigen que las empresas sean transparentes en cuanto a cómo recopilan, usan y comparten la información personal.

II. Aplicando la Privacidad de Datos en la IA

Al usar la API de OpenAI para crear aplicaciones, es esencial implementar prácticas de privacidad desde el diseño. Esto significa que la privacidad de los usuarios debe ser una prioridad en cada etapa del desarrollo del producto. La amonificación de datos y el cifrado son técnicas que ayudan a proteger la información personal, evitando que se utilice de manera inapropiada.

III. Consentimiento Informado

El consentimiento informado es otro pilar del cumplimiento de políticas de privacidad. Los usuarios deben estar al tanto de qué datos se recopilan y con qué fin. Es crucial obtener su consentimiento de manera explícita antes de procesar cualquier información personal. Las aplicaciones que usan la API de OpenAI deben incluir mecanismos claros y accesibles para que los usuarios otorguen o retiren su consentimiento.

IV. Manejo de Solicitudes de Usuarios

Los usuarios tienen derecho a solicitar acceso a sus datos personales, corregirlos, trasladarlos o eliminarlos. Las aplicaciones que utilizan inteligencia artificial deben estar preparadas para responder a estas solicitudes de manera eficiente. Es importante desarrollar procesos internos que permitan manejar estas solicitudes sin contratiempos.

V. Reporte de Incidentes

En caso de una violación de datos, es crucial tener un plan de respuesta a incidentes. Las leyes de protección de datos a menudo requieren que las empresas notifiquen a las autoridades y a los afectados en un plazo específico. La preparación y la respuesta rápida son esenciales para minimizar el daño y mantener la confianza de los usuarios.

VI. Formación y Conciencia

La formación continua en temas de privacidad y protección de datos es vital para cualquier equipo que trabaje con la IA. Entender las mejores prácticas y estar actualizado con las últimas regulaciones puede prevenir errores y asegurar el cumplimiento de políticas.

VII. Auditorías y Mejora Continua

Realizar auditorías periódicas de privacidad y protección de datos puede ayudar a identificar áreas de mejora y garantizar el cumplimiento continuo. La mejora continua de los procesos y prácticas relacionadas con la privacidad de datos no solo es una exigencia legal sino también una inversión en la reputación y la sostenibilidad del negocio.

En conclusión, el cumplimiento de políticas y la privacidad de datos son aspectos críticos en el desarrollo y lanzamiento de aplicaciones monetizables utilizando la API de OpenAI. Al integrar las prácticas de privacidad desde el inicio y asegurarse de que se respeten los derechos de los usuarios, los emprendedores y desarrolladores no solo cumplirán con la ley, sino que también construirán una base de confianza con sus usuarios, lo cual es esencial para el éxito a largo plazo de cualquier aplicación basada en IA.

Capítulo 8

Casos de Éxito y Estudios de Caso

El camino hacia la monetización efectiva de la inteligencia artificial a través de la API de OpenAI está pavimentado por las historias de éxito que han transformado radicalmente industrias enteras. En este capítulo, exploraremos casos concretos de empresas y emprendedores que han integrado la IA en sus modelos de negocio para crear valor, optimizar procesos y abrir nuevas vías de ingresos.

Estudio de Caso 1: Asistente Personal de Productividad

El primer caso de éxito es un startup que desarrolló un asistente personal de productividad basado en la IA de OpenAI. Este asistente, diseñado para integrarse con plataformas de gestión de tareas y calendarios, utiliza el procesamiento de lenguaje natural para entender y anticipar las necesidades de los usuarios. Su capacidad para aprender de las interacciones permite personalizar las respuestas y recomendaciones, logrando que los usuarios optimicen su tiempo y aumenten su eficiencia.

La clave del éxito fue la identificación precisa de un nicho de mercado compuesto por profesionales con altas demandas de organización y poco tiempo para administrar sus agendas. El producto fue diseñado con una interfaz intuitiva y la capacidad de integrarse con otros servicios populares. La startup logró un modelo de ingresos recurrente con una estructura de suscripción mensual, lo que aseguró una fuente de ingresos estables y predecibles.

Estudio de Caso 2: Soluciones de Atención al Cliente Automatizadas

Otro caso notable es el de una compañía de telecomunicaciones que implementó soluciones de atención al cliente automatizadas utilizando la IA de

OpenAI. La empresa desarrolló un sistema de respuesta automático que podía manejar preguntas frecuentes, problemas técnicos y quejas, las 24 horas del día.

La adopción de esta tecnología resultó en una reducción significativa de los tiempos de espera para los clientes y un aumento en la satisfacción general. Además, permitió a la compañía redirigir recursos humanos hacia tareas más complejas y estratégicas. La integración de la IA resultó en un ahorro de costos considerable y en un incremento en la retención de clientes, lo que, a su vez, mejoró los márgenes de beneficio de la empresa.

Estudio de Caso 3: Análisis Predictivo en el Sector Financiero

Un tercer ejemplo de éxito proviene del sector financiero, donde una fintech utilizó la API de OpenAI para desarrollar modelos de análisis predictivo. Estos modelos se utilizan para evaluar el riesgo crediticio de manera más precisa y para identificar oportunidades de inversión a través del análisis de grandes cantidades de datos de mercado.

La aplicación de la IA en este contexto no sólo optimizó el proceso de toma de decisiones, sino que también permitió a la fintech diferenciarse de competidores tradicionales. La capacidad de ofrecer productos financieros personalizados y respaldados por análisis avanzados de datos generó una ventaja competitiva única.

Estudio de Caso 4: Plataformas Educativas Personalizadas

Por último, una plataforma educativa en línea integró la IA de OpenAI para ofrecer experiencias de aprendizaje personalizadas. Utilizando la capacidad de la IA para analizar el progreso y el estilo de aprendizaje de cada estudiante, la plataforma puede adaptar los contenidos y ejercicios para maximizar la eficacia de la enseñanza.

Esta personalización no solo mejoró los resultados de los estudiantes, sino que también aumentó la retención y satisfacción del cliente. La plataforma pudo así justificar una prima en su modelo de suscripción, lo que se tradujo en mayores ingresos y la expansión acelerada del negocio.

Estos casos de éxito demuestran el potencial de la IA para transformar diferentes sectores y crear oportunidades de negocio rentables. La clave está en identificar problemas específicos que la IA puede resolver de manera más eficiente y en desarrollar soluciones que se integren de forma fluida en los procesos existentes de los usuarios y las empresas. Con la API de OpenAI, emprendedores y compañías tienen a su disposición una poderosa herramienta para innovar y generar valor en la era digital.

Análisis de Proyectos que Triunfan en el Mercado

La inteligencia artificial (IA) está transformando el mundo a una velocidad sin precedentes, y el mercado está respondiendo con entusiasmo a las innovaciones que ofrecen soluciones efectivas, eficientes y escalables. En este capítulo, nos centraremos en analizar los factores clave que contribuyen al éxito de los proyectos basados en la IA, especialmente aquellos que utilizan la API de OpenAI.

1. Identificación de Necesidades del Mercado

El primer paso para garantizar el éxito de un proyecto de IA es realizar un análisis exhaustivo de las necesidades del mercado. Esto implica investigar a fondo para comprender los problemas que los usuarios enfrentan y que aún no han sido resueltos satisfactoriamente. Los proyectos que triunfan no son solo aquellos que introducen tecnologías innovadoras, sino también los que abordan necesidades reales y ofrecen una solución tangible.

2. Diseño y Desarrollo Centrado en el Usuario

Una vez identificada la necesidad del mercado, el siguiente paso es diseñar una solución con la API de OpenAI que sea centrada en el usuario. Esto significa que la experiencia del usuario (UX) debe ser prioritaria en todas las fases del desarrollo. Los proyectos que triunfan son aquellos que ofrecen interfaces intuitivas, interacciones naturales y una curva de aprendizaje mínima, permitiendo que la tecnología de IA se integre de forma transparente en la vida diaria de los usuarios.

3. Validación del Producto

Antes de lanzar un producto al mercado, es esencial validar la idea con un grupo representativo de usuarios potenciales. La validación puede tomar la forma de pruebas de concepto, prototipos iniciales o versiones beta del producto. La retroalimentación obtenida en esta etapa es crucial para realizar ajustes y asegurarse de que el producto final cumpla con las expectativas del mercado.

4. Estrategias de Monetización

Un proyecto de IA solo puede considerarse exitoso si logra generar ingresos de manera sostenible. Las estrategias de monetización deben estar alineadas con el valor que el producto aporta al usuario. Los modelos pueden incluir suscripciones, pagos por uso, licencias o incluso ofrecer el producto de manera gratuita y monetizar a través de publicidad o servicios complementarios.

5. Lanzamiento y Marketing

Una estrategia de lanzamiento bien ejecutada es fundamental para captar la atención del mercado. Esto incluye una planificación meticulosa de la campaña de marketing, la selección de canales adecuados y la creación de mensajes que resalten los beneficios únicos de la solución de IA. Los proyectos que logran una buena visibilidad y captan el interés de su público objetivo tienen mayores probabilidades de éxito.

6. Escalabilidad

Los proyectos que triunfan no solo entran al mercado con fuerza, sino que también demuestran la capacidad de escalar. La API de OpenAI ofrece la flexibilidad y la potencia necesarias para incrementar el alcance del producto conforme crece la demanda. La infraestructura debe ser capaz de soportar un aumento en el número de usuarios sin comprometer el rendimiento o la calidad del servicio.

7. Aprendizaje Continuo y Mejora

Finalmente, el éxito a largo plazo de un proyecto de IA depende de la capacidad de adaptarse y mejorar continuamente. La IA es un campo en constante evolución, y mantenerse al día con los últimos avances es crucial. Los proyectos que incorporan un ciclo de retroalimentación y aprendizaje continuo son capaces de refinar sus algoritmos, mejorar la experiencia del usuario y mantenerse relevantes en un mercado competitivo.

En resumen, los proyectos que triunfan en el mercado de la IA son aquellos que combinan una comprensión profunda de las necesidades del mercado con un diseño centrado en el usuario, una estrategia de monetización efectiva y la capacidad de escalar y adaptarse al cambio. Utilizando la API de OpenAI, los desarrolladores pueden crear soluciones innovadoras que no solo cumplen con estos criterios, sino que también establecen nuevos estándares para lo que la tecnología puede lograr.

Lecciones Aprendidas de Estudios de Casos Reales

En el camino hacia la monetización efectiva de la inteligencia artificial y la API de OpenAI, los estudios de casos reales son faros que iluminan las rutas más prometedoras y alertan sobre los escollos a evitar. Las experiencias prácticas de otros desarrolladores y emprendedores ofrecen una fuente inestimable de conocimiento. Este capítulo examina casos concretos y destila las lecciones más valiosas aprendidas durante la creación, lanzamiento y escalada de aplicaciones basadas en la inteligencia artificial.

Estudio de Caso 1: Aplicación de Chatbot para E-commerce

Una compañía de comercio electrónico integró un chatbot asistido por la API de OpenAI para mejorar la experiencia de atención al cliente. A través del análisis de las interacciones de los usuarios con el chatbot, la compañía pudo reducir en un 40% las consultas dirigidas a su equipo de soporte humano.

Lección 1: Capacitación Específica del Dominio

La personalización del modelo lingüístico para comprender y manejar terminología específica del sector del e-commerce fue crucial. Enseñar al modelo las particularidades del inventario y políticas de la empresa mejoró la relevancia y precisión de las respuestas.

Lección 2: Feedback Continuo para Mejoras Iterativas

La aplicación de técnicas de aprendizaje activo, donde el sistema solicitaba feedback inmediato tras cada interacción, permitió ajustes constantes y mejoras en la comprensión y generación de respuestas del chatbot.

Estudio de Caso 2: Herramienta de Análisis de Sentimientos para Redes Sociales

Una start-up desarrolló una herramienta que utilizaba la API de OpenAI para analizar el sentimiento de los comentarios en redes sociales. El objetivo era proporcionar a las marcas una comprensión más profunda de la percepción pública.

Lección 3: La Importancia de Contexto y Cultura

El análisis de sentimientos es altamente dependiente del contexto y la variación cultural. La inclusión de múltiples capas de validación y la adaptación a matices locales resultaron esenciales para ofrecer análisis precisos.

Lección 4: Protección de la Privacidad y Ética de Datos

Asegurar la privacidad de los datos y operar dentro de los límites éticos es fundamental. La start-up estableció un marco claro de privacidad y cumplimiento normativo que fortaleció la confianza de sus clientes y usuarios.

Estudio de Caso 3: Asistente Virtual para Planificación de Recursos Empresariales

Una empresa de software ERP incorporó un asistente virtual impulsado por la API de OpenAI para ayudar en la planificación y asignación de recursos. Este asistente permitía a los usuarios interactuar de manera natural y obtener recomendaciones basadas en datos históricos y patrones de uso.

Lección 5: Integración y Personalización Profunda

La integración del asistente requería una comprensión profunda de los procesos de negocio del cliente. La personalización basada en las necesidades específicas de cada empresa incrementó la adopción y satisfacción del usuario final.

Lección 6: Formación Continua y Soporte

El éxito del asistente dependió del soporte continuo y la formación a los usuarios. Proporcionar recursos educativos y asistencia técnica garantizó que los usuarios pudieran aprovechar al máximo las capacidades del asistente virtual.

Conclusión

Los estudios de casos ilustran que el éxito en la monetización de soluciones basadas en la API de OpenAI radica en la capacidad para personalizar, adaptar y evolucionar constantemente. La capacitación específica del dominio, la atención a la ética y privacidad, y la comprensión de los aspectos culturales y contextuales son fundamentales para crear aplicaciones que generen valor real para los usuarios y, por ende, oportunidades de monetización para los desarrolladores. La retroalimentación continua y el soporte poslanzamiento son elementos cruciales para mantener la relevancia y efectividad de las soluciones basadas en inteligencia artificial en un mercado en constante cambio.

Inspiración para Emprendedores en la Era de la Inteligencia Artificial

La revolución de la inteligencia artificial (IA) está transformando la economía global a una velocidad sin precedentes. Como emprendedor del siglo XXI, es imprescindible comprender cómo la IA, y específicamente la API de OpenAI, puede ser un catalizador para la creación y el crecimiento de negocios innovadores. Este capítulo está dedicado a proporcionar inspiración para aquellos emprendedores que buscan aprovechar el potencial de los asistentes virtuales para desarrollar soluciones monetizables.

Identificación de Oportunidades con IA

La búsqueda de oportunidades para emprender debe comenzar con un entendimiento profundo de las capacidades actuales de la IA. La API de OpenAI ofrece una amplia gama de funcionalidades, desde el procesamiento del lenguaje natural hasta la generación de texto y la resolución de problemas complejos. Como emprendedor, pregúntate: ¿En qué nichos o industrias la IA aún no se ha explotado completamente? ¿Hay procesos que podrían optimizarse con la ayuda de un asistente virtual? La clave es identificar puntos de dolor en sectores existentes o prever necesidades en mercados emergentes.

Creación de Productos Innovadores

Con una oportunidad identificada, el siguiente paso es conceptualizar un producto o servicio que la aborde eficazmente. La IA puede ser el núcleo de esta solución, ya sea mejorando la eficiencia de un servicio existente o creando uno completamente nuevo. Por ejemplo, un asistente virtual basado en la API de OpenAI podría personalizar la experiencia de aprendizaje de los estudiantes, o facilitar el análisis de grandes volúmenes de datos para proporcionar insights de negocio en tiempo real.

El proceso de creación de productos debe ser iterativo y ágil, incorporando retroalimentación de usuarios potenciales y adaptándose rápidamente a las necesidades del mercado. Asegúrate de que tu producto no solo sea funcional, sino que también ofrezca una experiencia de usuario excepcional, algo que diferenciará tu oferta en un mercado competitivo.

Lanzamiento al Mercado

Una vez que tu producto esté desarrollado, el lanzamiento al mercado debe ser estratégico. Identifica a tus primeros usuarios o clientes y enfócate en ellos para construir una base sólida. Un lanzamiento exitoso puede aprovechar las capacidades de la IA para segmentar y personalizar las comunicaciones de marketing, asegurando que el mensaje correcto llegue al público adecuado. Además, la API de OpenAI puede ayudar a analizar las respuestas del mercado en tiempo real, permitiendo ajustes rápidos en la estrategia.

Escalada de Aplicaciones Monetizables

La escalabilidad es fundamental en cualquier emprendimiento. La IA, con su capacidad para automatizar y optimizar, es una herramienta poderosa para escalar tu negocio. A medida que tu producto gana tracción, utiliza los insights obtenidos de la IA para expandir tu alcance, mejorar tu oferta y entrar en nuevos mercados. Nunca dejes de explorar cómo la tecnología de asistentes virtuales puede abrir nuevas vías de ingresos o mejorar las existentes.

La API de OpenAI no solo facilita la creación de productos, sino que también puede ser parte de tu modelo de negocio. Considera diferentes estructuras de monetización, como suscripciones, pagos por uso o licencias empresariales, y cómo la integración de la IA puede mejorar o justificar estas estrategias de precios.

Conclusión

Como emprendedor en la era digital, la inteligencia artificial es más que una herramienta; es un compañero de viaje en la ruta hacia la innovación y el éxito comercial. La inspiración proviene de comprender las posibilidades ilimitadas que la IA ofrece y tener la visión para aplicarlas de manera que resuelva problemas reales y aporte valor al mundo. La API de OpenAI es un recurso valioso en tu arsenal como creador y visionario; úsala con sabiduría y tu emprendimiento podría ser parte de las novedosas aplicaciones que cambiarán el futuro de la humanidad.

Capítulo 9

Mantenimiento y Crecimiento de la Base de Usuarios

Una vez que hemos lanzado nuestra aplicación basada en la API de OpenAI y hemos comenzado a captar nuestros primeros usuarios, es crucial no solo centrarnos en atraer a nuevos clientes, sino también en mantener y hacer crecer esa base de usuarios. En este capítulo, exploraremos estrategias efectivas para mantener a nuestros usuarios comprometidos y cómo escalar nuestra base de usuarios de manera sostenible.

Mantenimiento de Usuarios: La Clave para la Longevidad

El mantenimiento de los usuarios existentes es tan importante como la adquisición de nuevos. Para ello, es fundamental que nuestra aplicación siga siendo relevante y valiosa para nuestros usuarios. Esto implica tres aspectos clave: la actualización constante de la aplicación, la atención al feedback de los usuarios y la implementación de un soporte técnico eficiente.

Actualizaciones Constantes

La inteligencia artificial está en constante evolución, y nuestra aplicación también debería estarlo. Mantén tu aplicación al día con las últimas mejoras en la API de OpenAI. Incorpora nuevas funciones y mejora las existentes para que tus usuarios siempre tengan la mejor experiencia posible.

Atención al Feedback

Escuchar a tus usuarios es esencial para el mantenimiento de la base de usuarios. Implementa canales de comunicación efectivos para recoger sus opiniones y observaciones. Ya sea a través de encuestas, foros de discusión o comentarios en la propia aplicación, asegúrate de que tus usuarios se sientan escuchados y que sus sugerencias se tomen en cuenta.

Soporte Técnico

Ofrecer un soporte técnico rápido y eficiente es vital para mantener la confianza de tus usuarios. Asegúrate de tener un equipo bien preparado y listo para resolver cualquier incidencia que pueda surgir, minimizando el tiempo de inactividad de la aplicación y manteniendo a los usuarios satisfechos.

Estrategias de Crecimiento de Usuarios

Una vez que hemos establecido un mantenimiento sólido, es hora de enfocarnos en el crecimiento de la base de usuarios. Las siguientes estrategias pueden ayudarte a escalar tu aplicación de manera efectiva.

Marketing de Contenidos

El marketing de contenidos es una herramienta poderosa para atraer nuevos usuarios. Crea contenido de valor que resalte las capacidades de tu aplicación y cómo puede resolver problemas específicos o mejorar la vida de tus usuarios. Este contenido puede distribuirse a través de blogs, redes sociales, boletines informativos y otras plataformas.

Publicidad Dirigida

Utiliza la publicidad online para alcanzar a tu público objetivo. Las campañas en redes sociales, Google Ads y otras plataformas pueden ser altamente efectivas si están bien dirigidas y diseñadas para captar la atención de potenciales usuarios interesados en la inteligencia artificial.

Programas de Referidos

Implementa un programa de referidos que incentive a tus usuarios actuales a recomendar tu aplicación a otros. Ofrece recompensas o beneficios tanto para el usuario que refiere como para el nuevo usuario. Esto no solo aumenta tu base de usuarios, sino que también fortalece la lealtad de los usuarios existentes.

Asociaciones Estratégicas

Forma alianzas con otras empresas o plataformas que puedan beneficiarse de tu aplicación. Estas asociaciones pueden proporcionar un canal adicional para llegar a nuevos usuarios y expandir la presencia de tu aplicación en el mercado.

Medición y Análisis

Para asegurar el éxito del mantenimiento y el crecimiento de tu base de usuarios, es crucial medir el rendimiento de tu aplicación y analizar los datos de uso. Utiliza herramientas de análisis para rastrear la adquisición de usuarios, la retención, la tasa de conversión y otros indicadores clave de rendimiento. Estos datos te permitirán ajustar tus estrategias y optimizar tu aplicación para un crecimiento continuo.

En conclusión, el mantenimiento y crecimiento de la base de usuarios son procesos que requieren atención continua y adaptación. Al mantener tu aplicación actualizada, escuchar a tus usuarios y aplicar estrategias de crecimiento efectivas, podrás asegurar que tu aplicación basada en la API de OpenAI no solo sobreviva sino que prospere en el mercado competitivo de la inteligencia artificial.

Fidelización y Retención de Clientes con la API de OpenAI

En el mundo competitivo de hoy, donde la oferta de productos y servicios es abundante y diversa, la fidelización y retención de clientes se convierte en una piedra angular para el éxito empresarial. La inteligencia artificial, particularmente a través de la API de OpenAI, ofrece herramientas revolucionarias para personalizar la experiencia del cliente y fortalecer la lealtad de manera efectiva y eficiente.

Personalización en la Era de la Inteligencia Artificial

La personalización es clave para la fidelización. Con la API de OpenAI, es posible crear asistentes virtuales que aprenden y se adaptan a las preferencias individuales de los clientes. Por ejemplo, un asistente podría recordar las compras anteriores de un usuario y hacer recomendaciones personalizadas para futuras compras, o ajustar el tono y estilo de comunicación según la interacción previa.

Soporte Proactivo y Asistencia Constante

Los clientes valoran el soporte rápido y eficaz. Los asistentes virtuales basados en la API de OpenAI pueden ofrecer soporte 24/7, respondiendo preguntas frecuentes, resolviendo problemas comunes o incluso anticipándose a las necesidades del cliente. Esta atención constante mejora la experiencia del cliente y aumenta la probabilidad de retención a largo plazo.

Análisis Predictivo para la Prevención de la Rotación

El análisis predictivo permite identificar patrones que puedan indicar una posible pérdida de clientes. Utilizando modelos de aprendizaje automático, se pueden analizar los datos de comportamiento del cliente para predecir y prevenir la rotación. La implementación de estrategias proactivas para mantener la satisfacción del cliente reduce significativamente la probabilidad de que busquen alternativas.

Optimización de la Cadena de Valor del Cliente

La experiencia del cliente no termina con la compra; toda la cadena de valor debe ser óptima para garantizar la fidelización. Los asistentes virtuales pueden acompañar al cliente en cada paso, desde la compra inicial hasta el soporte postventa, incluyendo la recopilación de feedback para mejorar productos y servicios. Esta visión integral es vital para una retención efectiva.

Programas de Lealtad Enriquecidos con IA

Los programas de lealtad son una herramienta clásica para fomentar la retención. Sin embargo, la IA permite llevar estos programas a un nuevo nivel. La API de OpenAI puede ser utilizada para personalizar las recompensas y ofertas, así como para crear experiencias únicas para los miembros más leales, incrementando así su compromiso y satisfacción.

Comunicaciones Segmentadas y Eficientes

La comunicación es fundamental para mantener una relación a largo plazo con los clientes. A través de la API de OpenAI, se pueden generar comunicaciones segmentadas y personalizadas que hablen directamente a los intereses y necesidades de cada cliente, aumentando la relevancia de los mensajes y, por ende, su efectividad.

Mejora Continua Basada en Datos

La IA no solo facilita la interacción directa con los clientes, sino que también provee un flujo constante de datos que pueden ser usados para mejorar productos y servicios. A través del análisis de estos datos, las empresas pueden ajustar sus estrategias de fidelización y retención de manera dinámica, asegurando que sus tácticas se mantengan frescas y relevantes.

Conclusión

La retención de clientes es un desafío que demanda una estrategia multifacética y adaptativa. La API de OpenAI posee las herramientas para transformar la fidelización de clientes de una tarea ardua a un proceso inteligente, dinámico y continuamente optimizado. La clave está en la implementación efectiva y creativa de estas herramientas para construir relaciones duraderas y rentables con los clientes. A través de la personalización, soporte proactivo, análisis predictivo, y mejora continua, los asistentes virtuales no solo retienen clientes, sino que también crean embajadores de marca, asegurando el éxito a largo plazo en el mercado.

Actualizaciones del Producto y Mejora Continua

En el dinámico campo de la Inteligencia Artificial (IA), el éxito no solo depende de lanzar un producto al mercado, sino también de cómo ese producto evoluciona y se adapta a las necesidades cambiantes de los usuarios y aprovecha los avances tecnológicos. Este capítulo se enfoca en la importancia de las actualizaciones del producto y la mejora continua, especialmente en aplicaciones que utilizan la API de OpenAI.

El Ciclo de Vida del Producto en la IA

El ciclo de vida de un producto basado en IA no termina después de su lanzamiento. La mejora continua es vital para mantener la competitividad y satisfacción del usuario. La retroalimentación de los usuarios y el análisis de datos son herramientas cruciales que permiten identificar áreas de mejora y oportunidades de innovación.

Integración de Actualizaciones

A medida que OpenAI lanza nuevas versiones de su API, es esencial que los desarrolladores integren estas actualizaciones en sus propios productos. Esto podría incluir mejoras en la comprensión del lenguaje, la generación de texto, o la eficiencia en el consumo de recursos. La documentación de OpenAI ofrece guías detalladas sobre cómo implementar estas actualizaciones, asegurando que los productos mantengan su relevancia y potencia.

Mejora Basada en Datos

Los productos que utilizan la API de OpenAI generan una gran cantidad de datos que pueden ser analizados para mejorar el rendimiento. El análisis de estos datos debe ser sistemático, buscando patrones de uso, identificando cuellos de botella y detectando posibles mejoras. Las herramientas de aprendizaje automático pueden ser especialmente útiles en este proceso, proporcionando insights valiosos que pueden convertirse en acciones concretas.

Retroalimentación del Usuario

La retroalimentación de los usuarios es un pilar en la mejora continua. Crear canales de comunicación efectivos y encuestas de satisfacción puede proporcionar una visión directa de las expectativas y experiencias de los usuarios. Estos insights permiten priorizar las actualizaciones y asegurar que el producto se mantenga alineado con las necesidades del mercado.

Pruebas y Validación

Cada actualización del producto debe ser rigurosamente probada antes de su lanzamiento. Las pruebas A/B y los grupos de control son métodos efectivos para evaluar el impacto de los cambios propuestos. Esto asegura que las mejoras no solo sean teóricamente beneficiosas, sino que también proporcionen resultados positivos en escenarios del mundo real.

Capacitación Continua

La IA es un campo en constante evolución, y mantenerse actualizado con las últimas tendencias y tecnologías es crucial para los desarrolladores. Programas de capacitación, webinars y talleres ofrecidos por OpenAI y otras instituciones pueden ayudar a mantener a los equipos informados y listos para implementar las últimas innovaciones en sus productos.

Conclusión

La mejora continua y las actualizaciones del producto son componentes esenciales en la monetización efectiva de aplicaciones basadas en la API de OpenAI. Al mantenerse enfocados en el análisis de datos, la retroalimentación de los usuarios y la integración de las últimas actualizaciones de IA, los desarrolladores pueden asegurar que sus productos sigan siendo relevantes, poderosos y valiosos para sus usuarios. La

IA no es estática, y el éxito a largo plazo dependerá de la capacidad de adaptación y crecimiento continuo de los productos basados en esta tecnología.

Métodos para escalar negocios en AI

El crecimiento exponencial de un negocio en la esfera de la Inteligencia Artificial (AI) requiere más que una idea innovadora o un producto único; demanda una estrategia de escalado efectiva que permita multiplicar sus beneficios y su impacto en la sociedad. En este capítulo, exploraremos métodos prácticos y probados para escalar negocios en AI, utilizando la API de OpenAI y otros recursos disponibles para los desarrolladores y emprendedores.

Automatización e Integración Continua

Una vez que el producto o servicio basado en la inteligencia artificial de OpenAI ha sido validado en el mercado, es crucial automatizar los procesos para permitir un escalado eficiente. La automatización no solo reduce costos operativos, sino que también incrementa la consistencia y la calidad del servicio. Herramientas como Zapier o IFTTT pueden ser útiles para conectar diferentes aplicaciones y servicios, creando flujos de trabajo automáticos que necesitan poca o ninguna intervención humana.

La integración continua y la entrega continua (CI/CD) son prácticas recomendadas en el desarrollo de software que permiten liberar actualizaciones de forma rápida y segura. Implementar CI/CD en el desarrollo de aplicaciones de AI asegura que las nuevas características y mejoras se integren sin problemas, manteniendo así una experiencia de usuario óptima.

Escalado Vertical y Horizontal

El escalado vertical implica el aumento de la capacidad de los servidores existentes, mientras que el escalado horizontal se refiere a la adición de más servidores para distribuir la carga. Para aplicaciones de AI que requieren un gran procesamiento computacional, como aquellas que utilizan la API de OpenAI, es fundamental establecer una infraestructura que pueda escalar de acuerdo con la demanda.

Los servicios en la nube como AWS, Google Cloud Platform o Microsoft Azure ofrecen soluciones escalables que se ajustan automáticamente al uso de recursos, lo cual es ideal para aplicaciones de AI que pueden tener picos imprevisibles de demanda.

Expansión de Mercados

La expansión a nuevos mercados es otra estrategia para escalar un negocio en AI. Antes de la expansión, es crucial realizar una investigación exhaustiva del mercado objetivo para comprender las necesidades y preferencias locales. Una vez que se identifican las oportunidades, se pueden adaptar los productos de AI para satisfacer estas necesidades específicas.

La localización no se limita solo a la traducción del idioma; también implica la adaptación cultural y la conformidad con las regulaciones locales. La API de OpenAI, con su capacidad multilingüe, puede ser de gran ayuda para superar las barreras del idioma y facilitar la entrada a mercados internacionales.

Alianzas Estratégicas y Red de Socios

Formar alianzas estratégicas con otras empresas y construir una red de socios puede acelerar significativamente el proceso de escalado. Las alianzas permiten acceder a nuevos clientes, recursos y conocimientos, mientras que una red de socios puede promover la adopción y adaptación de la tecnología de AI en diversas industrias.

Al buscar socios, es importante considerar compañías que complementen o mejoren la oferta de valor del negocio de AI. Por ejemplo, si el producto de AI es una herramienta de análisis de datos, asociarse con una empresa que ofrezca soluciones de almacenamiento en la nube podría proporcionar una solución integral a los clientes.

Modelo de Negocio Escalable

Finalmente, el modelo de negocio debe ser diseñado para escalar. Esto implica tener una estructura de precios flexible, un enfoque en la retención de clientes y un sistema que permita la fácil incorporación de nuevos usuarios. Las suscripciones, los modelos freemium y las licencias basadas en el uso son ejemplos de estructuras de precios que pueden adaptarse al crecimiento.

Además, es esencial invertir en el soporte al cliente y en la experiencia del usuario para asegurar la satisfacción y la fidelidad. Un cliente satisfecho es un defensor del producto y puede ayudar a acelerar el crecimiento orgánico a través del boca a boca.

Conclusión

Escalar un negocio en el campo de la inteligencia artificial es un desafío que requiere una combinación de tecnología avanzada, estrategias de mercado inteligentes y un modelo de negocio sólido. Utilizando los métodos descritos en este capítulo, los emprendedores y desarrolladores pueden aumentar la presencia y la rentabilidad de sus productos de AI, asegurando así un lugar en el futuro de la humanidad que, indudablemente, será transformado por la inteligencia artificial.

Capítulo 10

Futuro y Tendencias de las APIs de AI

La inteligencia artificial (IA) ha transformado el panorama tecnológico y económico de maneras que apenas estamos comenzando a entender. Las APIs de IA, particularmente aquellas desarrolladas por OpenAI, han demostrado ser herramientas poderosas para innovar, optimizar procesos y generar ingresos. En este capítulo, exploraremos el futuro y las tendencias emergentes en el ámbito de las APIs de IA, con un enfoque en cómo los desarrolladores y emprendedores pueden prepararse y aprovechar estas tecnologías para mantenerse a la vanguardia.

Avance y Escalabilidad de las APIs de IA

Las APIs de IA seguirán evolucionando, volviéndose más potentes y accesibles. Con el progreso en el aprendizaje automático y la mejora continua de los modelos de lenguaje, podemos esperar que las capacidades de estas APIs se expandan significativamente. Esto incluirá un mejor entendimiento del contexto, la capacidad de generar textos más coherentes y creativos, y una optimización más eficiente de las tareas específicas del dominio.

Además, la escalabilidad de las APIs de IA permitirá a los usuarios manejar un volumen mayor de solicitudes sin sacrificar la calidad de las respuestas. Esto es crítico para aplicaciones empresariales donde la demanda puede ser impredecible y fluctuante.

Personalización y Especialización

Una tendencia clave será la personalización de las APIs de IA para adaptarse a las necesidades específicas de los usuarios y los sectores de la industria. Esto significa que veremos APIs más especializadas, diseñadas para campos como la medicina, la educación, el derecho o el arte. La personalización profundizará en la integración de la IA en los flujos de trabajo, proporcionando soluciones que hablen el idioma y entiendan las particularidades de cada ámbito.

Democratización e Interfaces Intuitivas

La democratización de la IA es una tendencia en ascenso. Las APIs de IA se volverán más amigables para los usuarios sin experiencia técnica, permitiendo que una audiencia más amplia pueda crear y monetizar aplicaciones basadas en IA. Con interfaces más intuitivas, los usuarios podrán interactuar con la IA de manera más natural y sin la necesidad de comprender los detalles técnicos subyacentes.

Integración Multimodal

La integración multimodal, que combina texto, voz, imágenes y otros tipos de datos, será cada vez más común. Las APIs de IA que pueden procesar y generar contenido en múltiples modalidades ofrecerán experiencias más ricas y aplicaciones más versátiles. Esta tendencia permitirá el desarrollo de asistentes virtuales más avanzados que pueden entender y responder a información compleja de maneras antes imposibles.

Ética y Privacidad

Como desarrolladores y empresarios, es imperativo prestar atención a las cuestiones éticas y de privacidad que surgen con el avance de la IA. Las APIs de IA deben ser diseñadas y utilizadas de manera responsable, asegurando que el tratamiento de los datos sea transparente y seguro. La confianza del usuario será central para la adopción masiva de estas tecnologías, y cumplir con las regulaciones de privacidad y ética será esencial.

Economía de la IA y Modelos de Negocio

La evolución de las APIs de IA también traerá consigo nuevos modelos de negocios. La capacidad para desarrollar aplicaciones monetizables se ampliará, y veremos surgir modelos donde la IA se integra como parte de un servicio más amplio. La suscripción y los modelos basados en el uso se convertirán en la norma, ofreciendo a los usuarios flexibilidad para escalar el uso de la IA según sus necesidades.

Conclusión

El futuro de las APIs de IA es prometedor y lleno de oportunidades. Para los usuarios de OpenAI y los asistentes de Playground, el potencial para crear soluciones innovadoras y monetizables es más grande que nunca. Mantenerse al día con las tendencias emergentes y adaptarse rápidamente a los cambios será crucial para aquellos que buscan liderar en la era de la IA. Con un compromiso continuo con el aprendizaje y la experimentación, los desarrolladores y emprendedores pueden esperar un horizonte lleno de posibilidades transformadoras.

Desarrollos Futuros en OpenAI y Otras Plataformas

En la vanguardia de la inteligencia artificial, OpenAI no es solo un pionero, sino también un faro que guía el desarrollo de la IA. A medida que avanzamos hacia horizontes tecnológicos sin precedentes, es crucial mantenerse informado sobre los desarrollos futuros que podrían abrir nuevos caminos para ganar dinero con la inteligencia artificial.

OpenAI: El Progreso Continúa

OpenAI ha demostrado su compromiso con la innovación continua y el desarrollo de capacidades de IA cada vez más sofisticadas. Con la API de OpenAI, hemos visto cómo los asistentes virtuales como Playground han transformado diversas industrias, desde la atención al cliente hasta la generación de contenido.

Mirando hacia el futuro, podemos anticipar mejoras significativas en varias áreas clave:

1. **Eficiencia Energética**: La sostenibilidad es un desafío crítico para la IA. OpenAI está trabajando en algoritmos más eficientes que permitan reducir el consumo energético sin sacrificar la potencia de cálculo.

2. **Interoperabilidad Mejorada**: La integración con otras plataformas y sistemas se volverá más fluida, permitiendo que los desarrolladores creen aplicaciones híbridas que combinen lo mejor de múltiples ecosistemas de IA.

3. **Modelos de IA Especializados**: Aunque los modelos generalistas han dominado el panorama, se espera que OpenAI desarrolle modelos especializados en dominios específicos, como la medicina o la ingeniería, con un nivel de comprensión y precisión sin precedentes.

4. **Interacción Multimodal**: La IA no solo comprenderá y generará texto, sino que también podrá interpretar y producir contenido en múltiples modos, como imágenes, audio y video, en una interacción más rica y natural.

5. **Aprendizaje Continuo y Adaptativo**: Los modelos futuros podrían ser capaces de aprender de manera continua, ajustándose a las nuevas tendencias y conocimientos sin la necesidad de reentrenamientos periódicos.

Innovaciones en Otras Plataformas

Mientras OpenAI sigue siendo un líder, otras plataformas también están haciendo contribuciones significativas al campo de la IA. La competencia y la colaboración entre estas entidades promueven un ecosistema de IA dinámico y diverso.

1. **Algoritmos de Aprendizaje por Refuerzo**: Plataformas como DeepMind están avanzando en el aprendizaje por refuerzo, lo que podría llevar a asistentes virtuales que optimizan sus respuestas y acciones basándose en el feedback en tiempo real.

2. **Privacidad y Federated Learning**: Con el aumento de la conciencia sobre la privacidad de los datos, plataformas como Apple y Google están investigando el aprendizaje federado, que permite entrenar modelos de IA sin comprometer la privacidad del usuario.

3. **IA y Blockchain**: La convergencia de la IA con tecnologías como blockchain está emergiendo como un campo prometedor. Esto podría llevar a la creación de asistentes virtuales descentralizados que operan en redes seguras y transparentes.

4. **Procesamiento del Lenguaje Natural (PLN) Avanzado**: Empresas como Facebook AI están trabajando en mejorar la comprensión del lenguaje natural, lo que resultará en asistentes capaces de entender y responder con una precisión y relevancia aún mayor.

5. **AIaaS (AI as a Service)**: Con la democratización de la IA, plataformas como Microsoft Azure y Amazon

Web Services están expandiendo sus ofertas de AIaaS, lo que permite a las empresas acceder a tecnologías de IA sin la necesidad de una infraestructura propia.

Convergencia y Sinergias

La convergencia de IA con otras tecnologías emergentes, como la realidad aumentada, la robótica y los vehículos autónomos, creará oportunidades sin precedentes para los desarrolladores y emprendedores. Las sinergias resultantes de estas combinaciones abrirán nuevos mercados y aplicaciones para la IA, lo que podría revolucionar por completo industrias enteras.

Conclusión

Los desarrollos futuros en OpenAI y otras plataformas de inteligencia artificial son una ventana a oportunidades de monetización aún por descubrir. La clave para los desarrolladores y empresarios será mantenerse al tanto de estas innovaciones y ser rápidos en adaptarse y capitalizar sobre ellas. La IA no es solo una herramienta del presente, sino un puente hacia un futuro de posibilidades ilimitadas. Manteniendo una visión estratégica y un enfoque en la innovación, podemos esperar ganar no solo en términos financieros, sino también en el avance hacia un mundo mejorado por la inteligencia artificial.

Tendencias Emergentes y Áreas de Oportunidad

En el constante y acelerado avance de la inteligencia artificial, es imperativo mantenerse al tanto de las tendencias emergentes y las áreas de oportunidad que estas presentan para los emprendedores y desarrolladores. Este capítulo explora algunas de las corrientes más prometedoras dentro del campo de la inteligencia artificial y cómo podemos aprovechar la API de OpenAI para crear soluciones innovadoras y rentables.

Tendencias en Inteligencia Artificial

1. Automatización de Procesos Cognitivos (Cognitive Process Automation, CPA): La CPA se refiere al uso de máquinas para realizar tareas que requieren capacidades cognitivas humanas, tales como tomar decisiones, inferir y aprender de datos. Con la API de OpenAI, podemos desarrollar sistemas que no solo automatizan tareas repetitivas, sino que también adaptan y mejoran sus algoritmos a través del aprendizaje automático, ofreciendo servicios más inteligentes y personalizados.

2. IA Explicable (Explainable AI, XAI): A medida que los sistemas de IA se vuelven más avanzados, surge la necesidad de entender cómo llegan a sus conclusiones. La IA explicable se centra en la creación de modelos de inteligencia artificial cuyas decisiones puedan ser comprendidas y justificadas a los usuarios. La transparencia y la confianza en los sistemas de IA mejoran su aceptación y facilitan su integración en sectores regulados.

3. Interacción Humano-Máquina Avanzada: La evolución de las interfaces de usuario, impulsada por la IA, está permitiendo interacciones más naturales y fluidas entre humanos y máquinas. Las capacidades de procesamiento del lenguaje natural de la API de OpenAI permiten el desarrollo de asistentes virtuales que pueden entender y responder a consultas complejas en un contexto más humano, abriendo un amplio espectro de aplicaciones en servicio al cliente, educación y entretenimiento.

4. Computación Afectiva: La capacidad de reconocer, interpretar y responder a las emociones humanas es un área en crecimiento dentro de la IA. A través de la API de OpenAI, podemos desarrollar aplicaciones que ajusten su comportamiento basándose en el estado emocional del usuario, mejorando la experiencia y la eficacia de la interacción.

Áreas de Oportunidad

1. Salud Personalizada: La IA está transformando el sector de la salud, permitiendo el desarrollo de tratamientos personalizados. La API de OpenAI puede ser utilizada para analizar grandes volúmenes de datos médicos y generar insights que ayuden a la creación de planes de tratamiento y seguimiento personalizados, mejorando los resultados de salud y reduciendo los costos.

2. Optimización de la Cadena de Suministro: En la logística, la IA puede predecir demoras, optimizar rutas y gestionar inventarios en tiempo real. Utilizando la API de OpenAI, las empresas pueden construir sistemas que mejoren la eficiencia operativa y reduzcan los costos asociados a la cadena de suministro.

3. Educación Adaptativa: La IA tiene el potencial de personalizar la experiencia educativa, adaptando el contenido a las necesidades y ritmo de aprendizaje de cada estudiante. Con la API de OpenAI, se pueden desarrollar plataformas de aprendizaje que proporcionen tutoriales interactivos y ajusten el material didáctico para optimizar la retención del conocimiento.

4. Entretenimiento Interactivo: La industria del entretenimiento se está beneficiando de la IA para crear experiencias más inmersivas y personalizadas. Los juegos, las plataformas de streaming y las aplicaciones de realidad aumentada pueden usar la API de OpenAI para generar contenido dinámico que se adapte a las preferencias y comportamientos de los usuarios.

5. Seguridad y Privacidad: Con la creciente preocupación por la seguridad de los datos, el uso de la IA para proteger la información se está convirtiendo en una necesidad. La API de OpenAI puede ayudar en la detección de fraudes, análisis de riesgos y en la implementación de sistemas de autenticación más robustos.

La IA es una herramienta poderosa que está redefiniendo el panorama de múltiples industrias. Al mantenerse informados sobre las últimas tendencias y buscar activamente áreas de oportunidad, los usuarios de la API de OpenAI pueden innovar y crear productos y servicios que no solo sean financieramente exitosos, sino que también ofrezcan soluciones significativas a los desafíos actuales. La clave está en comprender las capacidades de esta tecnología y aplicarla de manera estratégica para generar un impacto positivo en la sociedad y en el mundo empresarial.

Preparación para Cambios y Adaptación Continua

En el dinámico mundo de la tecnología y, más específicamente, en el ámbito de la inteligencia artificial (IA), la constante evolución es la única constante. Las aplicaciones basadas en la API de OpenAI no son una excepción a esta regla. Por ello, es crucial que los desarrolladores y emprendedores se mantengan preparados para los cambios y se adapten de manera continua para asegurar el éxito y la relevancia de sus productos en el mercado.

La adaptación continua implica una vigilancia constante del entorno tecnológico y del mercado, así como la capacidad de responder rápidamente a los nuevos desafíos y oportunidades. A continuación, presentamos estrategias clave para mantenerse a la vanguardia en un campo tan volátil como el de la IA.

Entender el Ecosistema de la IA

Es esencial que los usuarios de la API de OpenAI comprendan profundamente el ecosistema en el que están trabajando. Esto incluye estar al tanto de los avances en algoritmos de aprendizaje automático, hardware especializado para IA, y los cambios en las regulaciones y políticas de privacidad de datos. Mantenerse informado permite anticipar los cambios que pueden afectar a su aplicación y planificar con antelación.

Cultivar la Flexibilidad en el Desarrollo

Los productos basados en la IA deben ser diseñados con la flexibilidad en mente para permitir ajustes rápidos en función de la retroalimentación del usuario y los cambios en la tecnología subyacente. La arquitectura modular y el código limpio y bien documentado son esenciales para que las iteraciones sean rápidas y eficientes. Además, la implementación de prácticas de desarrollo ágil puede facilitar la adaptación rápida a los cambios.

Crear una Cultura de Aprendizaje Continuo

El campo de la IA está en constante cambio, y lo que hoy es un conocimiento puntero, mañana puede ser obsoleto. Para mantenerse relevante, es crucial fomentar una cultura de aprendizaje continuo dentro de su equipo. Esto puede lograrse a través de la formación regular, la asistencia a conferencias, y la participación en comunidades de IA y tecnología.

Integrar la Retroalimentación de los Usuarios

La adaptación continua también significa escuchar y aprender de los usuarios de su producto. Ellos son una fuente invaluable de información sobre cómo su aplicación está funcionando en el mundo real y qué mejoras se podrían hacer. Establecer canales efectivos para recopilar y analizar la retroalimentación de los usuarios es fundamental para el proceso de adaptación.

Monitorear el Desempeño y la Competencia

Para adaptarse con éxito, es necesario monitorear continuamente el desempeño de su aplicación y estar atento a lo que la competencia está haciendo. Herramientas analíticas avanzadas pueden proporcionar información sobre cómo los usuarios interactúan con su producto, mientras que la inteligencia de mercado puede revelar tendencias emergentes y tácticas competitivas que podrían influir en su estrategia.

Priorizar la Seguridad y la Ética

Con la rápida adopción de soluciones basadas en IA, la seguridad y la ética deben ser una prioridad. Esto es especialmente importante en el contexto de la API de OpenAI, donde la generación de contenido puede tener implicaciones éticas significativas. Asegúrese de que su aplicación cumpla con las normas de seguridad y privacidad de datos y considere las implicaciones éticas de cómo se utiliza su aplicación.

Conclusión

La preparación para cambios y la adaptación continua son esenciales para el éxito de cualquier aplicación que utilice la IA. Siguiendo las estrategias mencionadas, los usuarios de la API de OpenAI pueden posicionar sus aplicaciones no solo para sobrevivir sino para prosperar en un entorno tecnológico que cambia rápidamente. El compromiso con la evolución constante es el sello distintivo de las empresas e individuos que liderarán el futuro de la inteligencia artificial.

Conclusión

A lo largo de este libro, hemos explorado el vasto horizonte que la Inteligencia Artificial (IA) ofrece a quienes están dispuestos a adentrarse en las profundidades de su potencial. Hemos recorrido el camino del aprendizaje, la identificación de oportunidades, la creación de productos innovadores, el lanzamiento al mercado y la escalada de aplicaciones que no solo son monetizables, sino que también tienen el poder de transformar aspectos fundamentales de nuestro día a día.

La API de OpenAI ha demostrado ser una herramienta excepcionalmente poderosa para el desarrollo de asistentes virtuales y aplicaciones avanzadas. Con Playground como nuestro laboratorio de pruebas, hemos descubierto cómo los modelos de lenguaje pueden ser entrenados, afinados y desplegados para resolver problemas complejos y ofrecer servicios valiosos a una amplia gama de usuarios.

La sinergia entre la creatividad humana y la capacidad de procesamiento de la IA es una combinación potente. Como hemos visto, las aplicaciones de la IA son tan variadas como nuestras propias aspiraciones. Desde el desarrollo de chatbots hasta la creación de herramientas de análisis predictivo, pasando por la automatización de tareas y la generación de contenidos, las posibilidades son casi infinitas.

Sin embargo, más allá de la tecnología y sus aplicaciones prácticas, lo que realmente define el éxito en el espacio de la IA es la visión y la determinación. Los emprendedores y desarrolladores que triunfan son aquellos que no solo entienden la tecnología, sino que también reconocen las necesidades del mercado y saben cómo satisfacerlas. Ellos son los pioneros que están marcando el camino hacia un futuro donde la IA es una parte integral de nuestras vidas.

A medida que cerramos este libro, es importante reflexionar sobre los principios éticos que deben guiar nuestro trabajo con la IA. La responsabilidad, la transparencia y el respeto por la privacidad son fundamentales para garantizar que las aplicaciones de IA sean beneficiosas y justas para todos. A medida que la tecnología evoluciona, también debe hacerlo nuestro enfoque sobre cómo se regula y se utiliza.

El futuro de la IA es brillante y está lleno de promesas. A medida que continuamos explorando sus límites y aplicaciones, debemos hacerlo con un sentido de propósito y una comprensión profunda de su impacto potencial. Como hemos aprendido, la IA no es solo una herramienta para ganar dinero; es un catalizador para el cambio y la innovación.

Para aquellos que están listos para embarcarse en su propia aventura con la IA, este libro ha sido una guía. Pero el aprendizaje nunca se detiene. La IA es un campo en constante evolución, y mantenerse al día con las últimas investigaciones, tecnologías y tendencias será crucial para el éxito continuo.

Con la API de OpenAI en nuestras manos, tenemos la capacidad no solo de imaginar el futuro, sino de construirlo. Aprovechemos esta oportunidad para crear aplicaciones que no solo generen ingresos, sino que también enriquezcan la vida humana y promuevan un mundo mejor para las generaciones venideras.

En última instancia, la IA es un reflejo de nosotros mismos: nuestras ambiciones, nuestros valores y nuestro deseo de avanzar. Al finalizar este libro, la invitación está abierta para todos aquellos que deseen formar parte de esta emocionante travesía. La historia de la IA y su papel en la sociedad está aún por escribirse, y cada uno de nosotros tiene la oportunidad de contribuir a ese relato.

Recapitulación de Estrategias Clave

Identificación de Oportunidades
El punto de partida para ganar dinero con la inteligencia artificial (IA) es identificar oportunidades de mercado donde la tecnología de OpenAI pueda resolver problemas reales y ofrecer valor añadido. Hemos discutido cómo la detección de estas oportunidades puede surgir de la observación de las necesidades no satisfechas en diferentes sectores, tales como la atención al cliente, la educación, el entretenimiento o la salud. La identificación proactiva de nichos de mercado y la anticipación a las tendencias emergentes son fundamentales para capitalizar las capacidades de la IA.

Creación de Productos

Después de encontrar una oportunidad viable, el siguiente paso es la creación de productos. Este proceso implica diseñar una solución que integre la API de OpenAI de forma que resuelva problemas específicos del nicho de mercado identificado. Hemos explorado cómo prototipar rápidamente soluciones utilizando Playground, iterar en base al feedback de los usuarios y mejorar la propuesta de valor del producto. La clave está en desarrollar un producto mínimo viable (MVP) que pueda ser lanzado al mercado para comenzar a recoger impresiones y mejorar continuamente.

Lanzamiento al Mercado

El lanzamiento es un momento crítico para cualquier producto de IA. Hemos abordado estrategias para posicionar tu solución en el mercado, incluyendo el marketing de contenidos, la publicidad en línea, las colaboraciones estratégicas y la construcción de una comunidad alrededor de tu producto. La comunicación clara de los beneficios de tu solución y el valor que aporta es esencial para captar la atención de los clientes potenciales y generar tracción inicial.

Escalada de Aplicaciones Monetizables

Para que una aplicación de IA se convierta en una fuente de ingresos sostenible, debe ser escalable. Hemos revisado técnicas para monetizar tu producto, desde modelos de suscripción hasta transacciones de pago por uso, y la importancia de equilibrar los costos operativos con los ingresos. La optimización de la experiencia del usuario y la garantía de un servicio de alta calidad son imprescindibles para retener a los clientes y fomentar el crecimiento orgánico.

Innovación Continua y Adaptación al Mercado

Finalmente, destacamos la importancia de la innovación continua y la adaptación al mercado. El campo de la IA está en constante evolución, y lo que hoy es una ventaja competitiva, mañana puede ser una característica estándar. Por lo tanto, mantenerse informado sobre los avances tecnológicos, recopilar datos y feedback de los usuarios y estar dispuesto a pivotar o ajustar tu estrategia son elementos cruciales para el éxito a largo plazo.

En este capítulo, hemos recapitulado las estrategias clave que hemos desglosado a lo largo del libro. Desde la identificación de oportunidades hasta la escalada de aplicaciones monetizables, cada paso es un pilar fundamental en el camino para ganar dinero con la inteligencia artificial y la API de OpenAI. Con estas estrategias en mente, estás mejor equipado para crear, lanzar y escalar productos que no solo sean innovadores, sino también rentables y capaces de cambiar el futuro de la humanidad.

Palabras finales y llamado a la acción

A medida que cerramos este viaje de exploración y aprendizaje sobre cómo monetizar la inteligencia artificial mediante la API de OpenAI, es esencial recapitular las lecciones clave y enfocarnos en los próximos pasos. Hemos desglosado el proceso en sus componentes esenciales: identificar oportunidades, crear productos, lanzarlos al mercado y escalar aplicaciones monetizables, todo ello mientras aprovechamos las capacidades de los asistentes virtuales como Playground.

Recapitulación y Reflexión

Recordemos que el primer paso fundamental es la identificación de oportunidades. Hemos aprendido a observar el mercado y a detectar necesidades no satisfechas o ineficiencias que pueden ser resueltas utilizando la inteligencia artificial. La creatividad es tu aliada, y la innovación tu camino hacia el éxito.

Posteriormente, nos enfocamos en la creación de productos. Diseñar una solución que no sólo sea viable sino también deseable por los usuarios finales requiere de una comprensión profunda de la tecnología y una implementación meticulosa. Aquí, la API de OpenAI se convierte en la herramienta clave que permite a los asistentes virtuales realizar tareas de manera eficaz y eficiente.

El lanzamiento al mercado es el momento de la verdad, donde tu producto se enfrenta a su audiencia. Hemos discutido estrategias para maximizar la visibilidad y la adopción, enfatizando la importancia de un mensaje claro y una propuesta de valor convincente.

Finalmente, la escalada de aplicaciones monetizables es lo que transforma un proyecto prometedor en un negocio sostenible. Hemos explorado cómo mantener la relevancia y la competitividad en un mercado en constante cambio, asegurando que tu producto evolucione con las necesidades de los usuarios.

Llamado a la Acción

Ahora, el conocimiento está en tus manos, y es el momento de actuar. El mundo de la inteligencia artificial es amplio y en constante expansión, y la API de OpenAI ofrece un universo de posibilidades que están esperando ser exploradas.

Te invito a que tomes este conocimiento y lo conviertas en acción. Comienza por pequeños experimentos, crea prototipos, recibe retroalimentación y no temas fallar. Cada error es una lección valiosa que te acerca al éxito.

Construye una red de contactos que te apoye y asesórate con expertos cuando sea necesario. Mantente actualizado con las últimas tendencias y actualizaciones de la API de OpenAI, ya que la innovación es un proceso continuo.

Y lo más importante, mantén siempre al usuario final en el centro de tus decisiones. La tecnología es una herramienta, pero el verdadero valor reside en cómo esta mejora la vida de las personas.

El Futuro de la IA y Tú

La inteligencia artificial está redefiniendo el futuro, y tú tienes el potencial de ser parte de ese cambio. Las aplicaciones que puedes crear con la API de OpenAI pueden transformar industrias, optimizar procesos y enriquecer la existencia humana de maneras que apenas comenzamos a entender.

El futuro es ahora. Es el momento de tomar estos aprendizajes y convertirlos en realidad. El mundo aguarda tus ideas, tus productos y tu visión. ¿Estás listo para dejar tu huella en la era de la inteligencia artificial?

No esperes más. El momento de actuar es hoy. Adelante, el futuro te pertenece.

Apéndices

Apéndice A: Documentación de la API de OpenAI

El primer paso para cualquier desarrollador que desee integrar la inteligencia artificial en sus proyectos es familiarizarse con la documentación de la API de OpenAI. Esta documentación es una guía exhaustiva que proporciona información detallada sobre cómo utilizar los diferentes endpoints de la API, los parámetros que se pueden configurar y las respuestas esperadas de la API.

Para acceder a la documentación, los desarrolladores deben visitar el sitio oficial de OpenAI y navegar hasta la sección de la API. Aquí encontrarán una descripción general de la API, así como enlaces a documentación específica para cada uno de los modelos ofrecidos por OpenAI, como GPT-3, Codex y DALL-E.

Es esencial que los desarrolladores se tomen el tiempo para leer y comprender la documentación antes de comenzar a codificar. Esto garantizará que puedan implementar la API de manera efectiva y evitar errores comunes que podrían retrasar el desarrollo de sus aplicaciones.

Apéndice B: Casos de Uso

Dentro de los casos de uso más destacados se encuentran:

1. Chatbots conversacionales: Los asistentes virtuales potenciados por GPT-3 pueden manejar conversaciones naturales con los usuarios, proporcionando soporte al cliente, asesoramiento en ventas o incluso terapia básica.

2. Generadores de contenido: La inteligencia artificial puede ser utilizada para producir artículos, informes, e incluso código de programación, lo cual puede ser útil para bloggers, periodistas, y desarrolladores.

3. Análisis de sentimientos: Empresas pueden analizar grandes volúmenes de datos de redes sociales o reseñas de productos para entender mejor la percepción del cliente.

4. Personalización de la experiencia del usuario: La IA puede brindar recomendaciones personalizadas basadas en el comportamiento e intereses del usuario, mejorando la experiencia en plataformas de comercio electrónico y servicios de streaming.

Apéndice C: Herramientas y Recursos

Además de la documentación oficial, existen numerosas herramientas y recursos que pueden ayudar a los desarrolladores a trabajar con la API de OpenAI. Algunos de estos recursos incluyen:

1. SDKs y bibliotecas: Existen Software Development Kits (SDKs) y bibliotecas en varios lenguajes de

programación que simplifican la interacción con la API de OpenAI, como las bibliotecas oficiales de Python.

2. Comunidades en línea: Foros como Reddit, Stack Overflow y la comunidad de GitHub ofrecen espacios para que los desarrolladores hagan preguntas, compartan experiencias y colaboren en proyectos.

3. Tutoriales y cursos: Hay una variedad de tutoriales en línea, cursos y webinars que proporcionan instrucciones paso a paso sobre cómo implementar y optimizar aplicaciones utilizando la API de OpenAI.

Apéndice D: Estrategias de Monetización

La monetización de aplicaciones basadas en la API de OpenAI puede tomar varias formas, incluyendo:

1. Modelo de suscripción: Ofrecer una aplicación o servicio basado en la inteligencia artificial como parte de una suscripción mensual o anual.

2. Licencias: Cobrar a los clientes por el acceso a una versión licenciada de un producto que utiliza la API de OpenAI.

3. Servicios personalizados: Proporcionar servicios de consultoría o personalización de aplicaciones de IA para empresas específicas.

4. Publicidad: Incorporar publicidad en aplicaciones gratuitas que hacen uso intensivo de la inteligencia artificial para generar ingresos.

Apéndice E: Estudios de Caso

Este apéndice presenta una serie de estudios de caso que ilustran cómo diferentes empresas y desarrolladores han creado y monetizado aplicaciones exitosas utilizando la API de OpenAI. Cada estudio de caso describe el desafío inicial, la solución implementada y el resultado comercial, proporcionando lecciones valiosas para aquellos que buscan seguir un camino similar.

Conclusión del Apéndice

Los apéndices del libro "Ganar dinero con la INTELIGENCIA ARTIFICIAL con la API de OpenAI" son recursos fundamentales que complementan la información proporcionada en los capítulos anteriores. Al utilizar estos recursos y seguir los ejemplos y estrategias presentados, los lectores estarán mejor equipados para crear, lanzar y monetizar aplicaciones innovadoras que utilicen la inteligencia artificial para cambiar el futuro de la humanidad.

Recursos adicionales y herramientas recomendadas

En el viaje para dominar la inteligencia artificial y maximizar las oportunidades de monetización a través de la API de OpenAI, es esencial contar con un arsenal de recursos y herramientas que puedan impulsar el desarrollo y la eficiencia de tus proyectos. Este capítulo se centra en proporcionar recomendaciones sobre recursos adicionales y herramientas que pueden ser de gran ayuda en tu carrera como desarrollador de aplicaciones de IA.

Repositorios de Código y Librerías

GitHub: Una plataforma imprescindible para cualquier desarrollador. Aquí puedes encontrar una multitud de proyectos y ejemplos de código que utilizan la API de OpenAI. Colaborar en proyectos existentes o crear los tuyos propios puede proporcionarte una experiencia invaluable.

PyPI: El Python Package Index es un repositorio de software para el lenguaje de programación Python. Muchas librerías útiles para trabajar con la IA y el procesamiento del lenguaje natural (NLP) se encuentran aquí.

Awesome OpenAI: Un recurso comunitario en GitHub que lista un sinfín de librerías, herramientas y aplicaciones relevantes para los desarrolladores que trabajan con la plataforma OpenAI.

Entornos de Desarrollo Integrado (IDEs) y Editores de Código

Visual Studio Code: Un editor de código fuente ligero pero poderoso que soporta el desarrollo de IA y viene con características como depuración integrada, control de Git, y un amplio mercado de extensiones.

Jupyter Notebook: Ideal para prototipos rápidos y experimentación con IA. Permite combinar código ejecutable, visualizaciones y texto en un solo documento.

PyCharm: Un entorno integrado específico para Python que ofrece muchas comodidades para el desarrollo de software, incluyendo un buen soporte para Python y frameworks relacionados con la IA.

Plataformas de Machine Learning y Big Data

Google Colab: Un servicio basado en la nube que permite escribir y ejecutar código Python, y es ampliamente utilizado para proyectos de machine learning y data science. Ofrece recursos de computación gratuitos y es fácilmente accesible.

Kaggle: Una comunidad de data science donde puedes encontrar conjuntos de datos, participar en competiciones y colaborar con otros en proyectos de IA.

Databricks: Una plataforma de análisis basada en Apache Spark que proporciona herramientas para el procesamiento de grandes volúmenes de datos y la construcción de modelos de machine learning a escala.

Foros de Discusión y Comunidades

Stack Overflow: Un recurso inestimable para los desarrolladores. Aquí puedes buscar respuestas a preguntas técnicas o pedir ayuda con problemas específicos que encuentres al trabajar con la API de OpenAI.

Reddit - r/MachineLearning: Un foro donde los entusiastas de la IA comparten noticias, discuten temas y piden consejos sobre proyectos de machine learning.

OpenAI Community: Una comunidad oficial de OpenAI donde los desarrolladores pueden interactuar, compartir proyectos y obtener actualizaciones directamente del equipo de OpenAI.

Tutoriales y Cursos Online

Coursera: Ofrece cursos en colaboración con universidades y organizaciones líderes en inteligencia artificial y machine learning.

Udemy: Una plataforma de aprendizaje en línea con cursos que cubren una amplia gama de temas relacionados con la IA, desde principiantes hasta niveles avanzados.

fast.ai: Una organización que ofrece cursos prácticos y gratuitos sobre deep learning y machine learning, con énfasis en la comprensión completa y la aplicación práctica.

Documentación y Mejores Prácticas

Documentación oficial de OpenAI: Siempre actualizada y es el primer lugar al que debes acudir para obtener información precisa sobre cómo trabajar con la API de OpenAI.

Papers with Code: Un sitio que reúne artículos científicos sobre IA con el código correspondiente, lo que puede ser extremadamente útil para mantenerse al día con los últimos avances y entender cómo se implementan en la práctica.

ArXiv: Un repositorio de preprints de artículos científicos en campos como la física, matemáticas, ciencias de la computación y, por supuesto, inteligencia artificial, que puede ser una mina de oro de información avanzada y tendencias de investigación.

Con este conjunto de recursos y herramientas, estarás bien equipado para afrontar los desafíos de crear y escalar aplicaciones monetizables utilizando la API de OpenAI. Recuerda que la práctica constante, la experimentación y la interacción con la comunidad son aspectos cruciales para el éxito en el campo de la IA.

Glosario de Términos Relacionados con la Inteligencia Artificial

En el mundo de la Inteligencia Artificial (IA) y, más específicamente, en el ámbito de la API de OpenAI, es esencial familiarizarse con una serie de términos técnicos que serán la base para el desarrollo, la comprensión y la monetización de aplicaciones. A continuación, se presenta un glosario con los términos más relevantes:

1. Algoritmo de Aprendizaje Automático (Machine Learning Algorithm): Conjunto de procedimientos y técnicas que permiten a las computadoras aprender de los datos y mejorar sus tareas con la experiencia.

2. Análisis de Sentimientos (Sentiment Analysis): Proceso de IA que identifica y extrae opiniones en un conjunto de datos para determinar si la actitud es positiva, negativa o neutral.

3. API (Application Programming Interface): Conjunto de reglas y especificaciones que las aplicaciones pueden seguir para comunicarse entre sí. La API de OpenAI permite acceder a modelos de IA avanzados.

4. Big Data: Conjunto masivo de datos que debido a su volumen, velocidad y variedad requiere de tecnologías específicas para su procesamiento y análisis.

5. Chatbot: Sistema de IA diseñado para simular conversaciones con usuarios humanos a través de interfaces de texto o voz.

6. Clasificación de Imágenes (Image Classification): Proceso de identificar y categorizar elementos en una imagen utilizando modelos de IA.

7. Deep Learning (Aprendizaje Profundo): Subcampo del aprendizaje automático basado en redes neuronales artificiales con múltiples capas, que permite a la IA aprender de grandes cantidades de datos no estructurados.

8. Generación de Lenguaje Natural (Natural Language Generation): Ramo de la IA que utiliza algoritmos para generar lenguaje que es indistinguible del creado por humanos.

9. Minería de Textos (Text Mining): Proceso de extracción de información útil y significativa de textos a gran escala.

10. Modelo de Lenguaje: Sistema de IA especializado en comprender, interpretar, y generar texto humano.

11. NLP (Natural Language Processing): Conjunto de técnicas de IA que permite a las máquinas entender, interpretar y manipular el lenguaje humano.

12. Playground: Herramienta interactiva proporcionada por OpenAI que permite a los desarrolladores experimentar con modelos de IA y probar sus capacidades.

13. Red Neuronal (Neural Network): Estructura de algoritmos inspirada en el funcionamiento del cerebro humano, diseñada para reconocer patrones y tomar decisiones.

14. Reinforcement Learning (Aprendizaje por Refuerzo): Tipo de aprendizaje automático donde un agente aprende a tomar decisiones optimizando recompensas a través de la prueba y error.

15. Token: En el contexto de los modelos de lenguaje, un token es una unidad básica de texto, que puede ser una palabra, parte de una palabra o un signo de puntuación.

16. Transfer Learning (Aprendizaje por Transferencia): Técnica de aprendizaje automático donde un modelo desarrollado para una tarea se reutiliza como punto de partida para otra tarea relacionada.

17. Visión por Computadora (Computer Vision): Campo de la IA que entrena a las computadoras para interpretar y comprender el mundo visual.

Este glosario es un recurso fundamental para todos los desarrolladores y emprendedores que deseen incursionar en el desarrollo de soluciones innovadoras con la IA. La comprensión de estos términos no solo facilitará la creación de productos sino que también permitirá comunicar de manera efectiva las características y ventajas de las aplicaciones basadas en la API de OpenAI. Con esta base terminológica, estamos preparados para identificar oportunidades, diseñar soluciones y lanzar al mercado aplicaciones que transformarán el futuro de la humanidad.

FAQ sobre Monetización y Uso de la API de OpenAI

La monetización de las aplicaciones basadas en la inteligencia artificial representa el puente entre una idea innovadora y un producto de mercado exitoso. Este capítulo busca resolver las dudas más comunes respecto a la monetización y el uso de la API de OpenAI, proporcionando una guía clara para los desarrolladores y emprendedores que buscan capitalizar sus creaciones.

Pregunta 1: ¿Qué modelos de monetización son efectivos para productos que usan la API de OpenAI?

Respuesta: Existen diversos modelos de monetización que pueden ser efectivos, tales como la suscripción, el pago por uso, licencias premium, y servicios complementarios. Es esencial analizar el mercado objetivo y las ventajas que ofrece la aplicación para determinar el modelo más adecuado.

Pregunta 2: ¿OpenAI impone restricciones sobre cómo puedo monetizar las aplicaciones que utilizan su API?

Respuesta: OpenAI proporciona directrices claras sobre cómo deben ser utilizadas sus tecnologías. Es fundamental respetar las políticas de uso y los términos de servicio, que incluyen limitaciones en la redistribución de la API y restricciones en ciertos tipos de contenido. Sin embargo, dentro de estas directrices, los desarrolladores tienen libertad para explorar diferentes estrategias de monetización.

Pregunta 3: ¿Cómo se calculan los costos de uso de la API de OpenAI y cómo puedo optimizarlos?

Respuesta: Los costos de uso de la API de OpenAI se basan en la cantidad de tokens procesados, lo que se traduce en el número de palabras o caracteres que la IA genera o analiza. Para optimizar costos, es recomendable afinar las solicitudes a la API para que sean lo más concisas posibles y utilizar técnicas de caching para almacenar respuestas frecuentes.

Pregunta 4: ¿Qué estrategias de precio son recomendables al lanzar un producto al mercado?

Respuesta: Al establecer precios, es importante considerar el valor percibido del producto y la disposición de pago del cliente. Las estrategias pueden incluir precios introductorios, descuentos por volumen o la adopción de un modelo freemium, donde las funciones básicas son gratuitas y las avanzadas requieren un pago.

Pregunta 5: ¿Es posible ofrecer servicios de consultoría o personalización utilizando la API de OpenAI?

Respuesta: Sí, muchos desarrolladores y empresas encuentran un nicho lucrativo ofreciendo servicios de personalización o consultoría. Estos servicios pueden incluir la integración de la API en sistemas existentes del cliente, el desarrollo de soluciones a medida o la formación en el uso de la tecnología de IA.

Pregunta 6: ¿Cómo puedo medir la rentabilidad de mi aplicación basada en la API de OpenAI?

Respuesta: La rentabilidad se puede medir a través de la comparación entre los ingresos generados por la aplicación y los costos asociados, incluyendo el uso de la API, el desarrollo, y los gastos operativos.

Herramientas analíticas pueden proporcionar información valiosa sobre el comportamiento del usuario y la eficacia de las estrategias de monetización.

Pregunta 7: ¿Qué consideraciones legales debo tener en cuenta al monetizar aplicaciones con IA?

Respuesta: Es crucial respetar las leyes de propiedad intelectual, privacidad de datos y protección al consumidor. Las aplicaciones que utilizan IA deben cumplir con las regulaciones pertinentes, como el GDPR en Europa o la CCPA en California, y asegurarse de que los términos de uso y políticas de privacidad sean transparentes y accesibles para los usuarios.

Pregunta 8: ¿Puede la reputación de mi aplicación verse afectada por el uso que hago de la API de OpenAI?

Respuesta: La reputación de su aplicación puede verse influenciada tanto positiva como negativamente por el uso de la IA. Es importante garantizar que la aplicación utilice la tecnología de manera ética y responsable, y que los usuarios entiendan claramente cómo interactúa la IA con sus datos y entradas.

Pregunta 9: ¿Qué soporte técnico ofrece OpenAI para los desarrolladores que monetizan sus aplicaciones?

Respuesta: OpenAI proporciona documentación detallada, foros de la comunidad y, en algunos casos, soporte técnico directo para ayudar a los desarrolladores a resolver problemas y optimizar el uso de la API.

Pregunta 10: ¿Cómo puedo mantenerme actualizado sobre los cambios y mejoras en la API de OpenAI?

Respuesta: Es recomendable suscribirse a los canales de comunicación oficial de OpenAI, como su blog, boletín informativo y cuentas de redes sociales, para recibir notificaciones sobre actualizaciones y mejoras en la API, así como mejores prácticas y estudios de caso relevantes.

Conclusión: La monetización de aplicaciones que utilizan la API de OpenAI ofrece un potencial significativo para los negocios y desarrolladores. Sin embargo, es esencial abordar las preguntas frecuentes sobre costos, estrategias de precios, legalidad y ética para garantizar el éxito a largo plazo de su producto en el mercado competitivo de la tecnología. Con un enfoque informado y estratégico, las aplicaciones basadas en IA no solo pueden ser innovadoras, sino también financieramente rentables.

Bibliografía

La construcción de una base sólida en cualquier campo del conocimiento requiere una comprensión profunda de los trabajos y las investigaciones que han sentado las bases de dicho campo. En el caso de la inteligencia artificial (IA) y su aplicación práctica a través de la API de OpenAI, existen numerosas fuentes que han sido vitales para el desarrollo de este manual. Este capítulo se dedica a detallar la bibliografía esencial que ha informado y guiado el contenido de este libro, proporcionando a los lectores recursos adicionales para profundizar en los temas presentados.

1. "Artificial Intelligence: A Modern Approach" por Stuart Russell y Peter Norvig

Este libro es considerado el texto definitivo en el campo de la inteligencia artificial. Ofrece una cobertura completa de los fundamentos teóricos de la IA, desde la resolución de problemas hasta el aprendizaje automático y la robótica.

2. "Deep Learning" por Ian Goodfellow, Yoshua Bengio y Aaron Courville

Una obra esencial para aquellos interesados en el aprendizaje profundo, que constituye la base de muchos de los avances más significativos en IA, incluida la tecnología detrás de la API de OpenAI.

3. "Reinforcement Learning: An Introduction" por Richard S. Sutton y Andrew G. Barto

Este libro ofrece una introducción completa al aprendizaje por refuerzo, un área de la IA que ha tenido aplicaciones exitosas en el desarrollo de sistemas autónomos, juegos y, más recientemente, en asistentes virtuales.

4. "Life 3.0: Being Human in the Age of Artificial Intelligence" por Max Tegmark

Tegmark explora las implicaciones sociales y éticas de la IA avanzada y cómo la humanidad puede navegar por el futuro que la IA está ayudando a crear.

5. "The Master Algorithm: How the Quest for the Ultimate Learning Machine Will Remake Our World" por Pedro Domingos

Este libro es una exploración accesible de los algoritmos de aprendizaje automático que están en el corazón de la IA moderna y su capacidad para transformar industrias enteras.

6. Documentación de la API de OpenAI

La documentación oficial proporcionada por OpenAI es una fuente de información técnica invaluable para desarrolladores que buscan implementar y escalar aplicaciones utilizando su API. Está disponible en el sitio web de OpenAI.

7. "The Business of Artificial Intelligence" por Erik Brynjolfsson y Andrew McAfee

Los autores exploran cómo la IA está cambiando el paisaje empresarial, ofreciendo una visión de cómo las empresas pueden aprovechar el poder de la IA para innovar y competir.

8. "Superintelligence: Paths, Dangers, Strategies" por Nick Bostrom

Este libro aborda las posibles trayectorias y los riesgos asociados con el desarrollo de una IA superinteligente, ofreciendo estrategias para asegurar que la IA beneficie a la humanidad.

9. "AI Superpowers: China, Silicon Valley, and the New World Order" por Kai-Fu Lee

Lee ofrece una perspectiva sobre la carrera global por el dominio en IA, destacando las diferencias entre los enfoques de China y Silicon Valley y sus implicaciones para el futuro.

10. "OpenAI Papers" publicados en arXiv.org

Una colección de artículos científicos publicados por los investigadores de OpenAI que cubren una amplia gama de temas en IA, desde los avances teóricos hasta las aplicaciones prácticas.

El estudio detallado de estas fuentes proporcionará a los lectores una comprensión más profunda de los principios de la IA, las capacidades de la API de OpenAI y las estrategias para desarrollar y monetizar aplicaciones basadas en asistentes virtuales. A medida que el campo de la IA continúa expandiéndose y evolucionando, también lo hará esta bibliografía, reflejando el dinamismo y la innovación constantes que definen esta emocionante área de estudio y práctica.

"Aprende a repetir".
G.I.L.A

Este texto se ha generado en parte con LICENCIA API GPT-4 PLUS, el modelo de generación de lenguaje mejorado de OpenAI.

www.ingramcontent.com/pod-product-compliance
Lightning Source LLC
LaVergne TN
LVHW051343050326
832903LV00031B/3721